新・日本構造改革論

デービッド・アトキンソン自伝

David Atkinson

飛鳥新社

新・日本構造改革論

デービッド・アトキンソン自伝

新・日本構造改革論
デービッド・アトキンソン自伝――目次

第三章　生命の危険まで感じた銀行との戦い

第四章　退職と第二の人生への助走

まえがき

一九八五年に初めて日本を訪れて以来、人生の半分を日本で過ごしてきました。

本書で改めて日本での時間を振り返ってみると、不良債権問題、銀行の合併、文化財修理業界、観光戦略など、さまざまな日本の転換点、構造改革に関わって来たものだな、と思います。

なぜイギリス人である私が、日本の構造改革に大きく関わるようになったのか。それは分析のできる人が日本に皆無だったからです。

私が日本でやってきたことは、基本的に「合成の誤謬《ごびゅう》潰《つぶ》し」でした。日本人は、一部での出来事を、全体に当てはめて一般化する「合成の誤謬」に陥りがちです。

本書では、多くの「合成の誤謬」が出てきますが、たとえば、私がいま取り組んでいる中小企業の問題についても、「日本は小規模事業者の数が多すぎる。それが日本経済が強くならない要因だから、統廃合して、労働力を集約させていかなければならない」と主張すると、こういう反論があります。

「地方は、人口が少なく、小規模事業者で働いている割合が高い。地方を支えているのは小規模事業者であり、小規模事業者がなくなったら、地方は困るんです。生活できなくなりますよ」

典型的な「合成の誤謬」です。人口の少ない県では小規模事業者が多いのは事実ですが、そもそも人口が少ないのですから、小規模事業者の数も少ない。

たとえば、小規模事業者は全国で三百五万社あります。人口が最も少ない島根県の小規模事業者数は一万九千三百六十社で全体のたった〇・六％に過ぎません。調べてみると、小規模事業者の二五％が、東京、大阪、名古屋に集中していることがわかりました。たった〇・六％のために、「労働力の集約はできない」という主張こそ無理筋な話なのです。

なぜ、こういった「合成の誤謬」に日本人は陥りやすいのか。おそらく大学できちんと教育していないからでしょう。高校までは必要な知識を身につけ、大学ではその知識をどう使っていくか大事になってきます。

しっかりとした研究を行う上で、論理力、分析力が必須スキルですから、大学ではここを鍛えなければいけません。しかし、日本ではそうなっていないのが現状です。

私はある大学の評議委員をやっていますが、よく会議で「プレゼンの重要性」が議題に上がります。

「海外の人はプレゼンがうまい。グローバルな人材を育てるために、プレゼン力は不可欠だ」

グローバル人材のプレゼンが素晴らしいのは、別にプレゼンのスキルが高いからではなく、自分のなかに「伝えたいこと」がしっかりとあるからです。分析も論理もない、わけのわからない話を、うまくプレゼンされたところで、なんの意味もありません。

分析ができる人材が育たなかったために、私が来日した頃に比べて、あらゆるものがアップデートされないまま、いまに至ってしまいました。

少子高齢化は加速するばかりで、地方は衰退の一途をたどっています。

私が日本にもっとも惹《ひ》かれたのは、昔の日本人が大切にしていた「恥の文化」です。

また、私が日本に留学した当時、日本はもっと人情にあふれていたと思います。私は差別されることなどなく、全国を旅したときに出会った日本人は皆、誰ともわからない外国人の私をあたたかく迎え入れてくれました。

しかし、最近では、ネットで私が記事を書くと、「イギリスに帰れ！」「まず、自分の国の心配をしろ！」など罵詈《ばり》雑言《ぞうごん》が平気で飛んで来る。ネットが普及したことで、そういう声が目に見えるようになったという人もいますが、「恥の文化」を大切にしていた日本人であれば、思っていても口には出さないはずです。

私が最も美しいと感じていた日本人の「恥の文化」はどこに消えてしまったのだろうと、一抹の寂しさを覚えます。

この自伝が、そんな日本の問題を見つめ直すヒントになればと思います。

第一章

私の生い立ちと受けた教育

故郷とスパルタ教育

私は一九六五年生まれです。イギリスの東側、ロンドンから電車で一時間程度の小さな田舎町に生まれました。近くにサッチャー首相が生まれた、グランサム（Grantham）という街があります。十一歳から通った学校は、King's School でした。創建は一三二九年ですが、一五二八年に再興されました。いまも現役で使われている校舎は一四九七年に建てられ、一六五五年から一六六〇年まで在籍したサー・アイザック・ニュートンが教育を受けた建物でした。

私が中学生時代を過ごした一九七〇年代、イギリスにはまだ帝国時代の名残《なごり》があって〝超〟スパルタ教育でした。

いまは制服は夏服、冬服と分かれていますが、私の学生時代は一年を通して同じ制服。しかも暑かろうが寒かろうが、ブレザーを脱いだりコートを着たりすることは許されません。

イギリスの冬は寒く、零度を下回ることがたびたびある。暖房も完備されていないうえ、窓も古くて隙間が多かったから、真冬は室内にいても凍えるような寒さでした。手がかじかんで、ノートをうまくとれなかったほどです。

夏はそれほど気温が上がらないといっても、教室に生徒が大勢集まれば室温はかなり上がります。ホールで行われる朝礼が週に三回あり、朝礼の間はずっと立っていなければならないのですが、暑さに耐えられず、卒倒する生徒が毎回、何人もいました。

しかし、先生は倒れた生徒を介抱などしません。

「倒れた奴はガッツがないんだ」

と放っておくのです。

冬の間は体育でラグビーをやらされるのですが、私はその時間が嫌で嫌で仕方ありませんでした。

真冬のグランドは、土といっても四、五センチの深さまでカチンカチンに凍って、コンクリートのような状態になっている。そこで練習をするわけですから、ケガが絶えませんでした。終わったあと、肘、膝の皮膚はずるむけています。

気温が低ければ低いほど練習は厳しくなり、ラグビーボールを水の入ったバケツに入れて、そのボールで地面に身を投げながらパス回しの練習をさせるのです。

学校の記憶は、先生たちにとにかく追い込まれたことしかないです。

こんなこともありました。

ラグビーの時間が終わると、生徒が並んで使う細長いシャワールームがあり、体をきれいにしなければなりません。当然、お湯など使えるはずはなく、出てくるのは水です。

真冬のラグビーで体が冷えきっているところに冷水を浴びるわけですから、たまったものではありません。

しかも、シャワールームの奥には先生が立っており、ちゃんと泥が落ちてきれいになったかチェックされるので、浴びたふりをして出ることもできない。

シャワーのあとで制服を着るのですが、その時もネクタイなどの身だしなみが完璧かどうかチェックされます。

冷水シャワーで体は完全に冷えきり、手がかじかんで動かせませんから、靴紐を結んだり、ボタンをかけたりするにもかなり時間がかかります。

身だしなみが乱れているとやり直しをさせられ、きちんとできるまで更衣室から出ることは許されない。時間をかけすぎるとまた怒られます。

クラスの一人が先生に何か文句を言うと、連帯責任でクラス全員が罰せられるので、泣き言を言うこともできません。

多くの場合は、先生自らは手を下さず、問題を起こした生徒の隣に座っていた生徒に「あいつを三発殴れ」と命じて殴らせる、ということもありました。

いまなら大変な問題になるでしょうが、親たちも同じスパルタ教育で育ったので――私の親世代はもっと厳しい教育を受けていたといいます――コンセンサスが得られていました。

先生に殴られるようなことを仕出かしたと親に知れれば、学校で受けた体罰を家でも受けることになります。だから先生に殴られて怪我をしたり、アザができたりしても、親に相談できません。伝統的に、男の子は七歳を過ぎたら、人前で泣くことは許されませんでした。「男だから泣くな」と言われます。すぐに泣き止まないと、「じゃあ、泣く理由を与えてやる」と、げんこつで顔をぶん殴られます。

それくらい、私の親世代は厳しかったのです。

もともと私の先祖は、一〇六六年、ノルマン・コンクエスト（ノルマンディー公ウィリアムによるイングランド征服）の時に、フランスからイギリスに移住してきたと言われ、以来、約九百五十年間、同じ地域に住み続けています。

グランサムの周りの地域は、いまはのどかな田舎ですが、中世の一時期だけ栄えたことがあります。

当時、羊毛は金よりも貴重で、羊は富の象徴とされていました。貴族院の委員長は、特別に用意された大きな座布団のようなものの上に座るのですが、その座布団には羊毛が大量に使われていたほどです。富は権力の原点ですから、その上に座ります。

グランサムは羊を育てるのに適した土地で、羊毛産業が盛んになります。ほとんど独占市場に近い状態で町は潤い、大きな教会や家が数多く建てられました。

私の先祖は羊を飼っていませんでしたが、羊飼いに土地を貸していたのでかなり儲けていた。ところが、帝国時代が始まってインドからコットンが大量に入ってくるようになると、羊毛産業は瞬く間に衰退していきます。羊毛産業の衰退に伴い、町も力をなくしてしまいました。中世から産業革命に至る時期の話です。

それによって、よかった点もあります。貧乏になってしまったことで建物を改修することができなくなってしまい、生まれ故郷には日本の白川郷同様、当時建てた教会や家がピュアな状態で残っているのです。

その古い建物が、現在はかなりの観光資源になっています。

ほとんどない親との記憶

私は四人兄弟の三男で、四つ上の兄と二つ上の兄、それに二つ下の弟がいます。

私の子供時代は帝国時代の名残で、親と子供がベタベタするべきではないとの考えが残っており、両親との記憶はほとんどありません。

食事も別々で、身の回りの世話は使用人がやってくれますから、親との接点がそもそもないのです。

夏休みや冬休みは朝食のあと、外に出され、お昼ごはんまで帰ってくるなと言われました。お昼ごはんを食べたらまた外に出されて夕方まで遊ぶ、ということの繰り返し。だから、両親と一緒に遊んだ記憶などほとんどない。

現在とはまったく異なる価値観で、親も「子供はうるさいからあっち行ってろ」といった感じでした。実際、親から「視界に入るのはいいが、音を立てるなら聞こえないところまで離れなさい」と言われていたほどです。

誕生日などは一応、お祝いめいたことをしないではないが、いまのようなパーティーとは程遠いもの。プレゼントも学校の制服だとか必要品ばかりで、自分のほしいものはもらえません。

ここで申し上げておきたいのは、わが家のこういった教育が決して特殊なわけではないということです。当時は近所の友達もみな似たような教育を受けていました。

男の子は小学校に上がると、スパルタ教育が始まります。

授業内容も帝国時代の価値観が残っており、歴史でいえば「イギリスは世界に文明を広げた」とか、「いかにイギリス帝国は素晴らしかったか」とか、イギリスの帝国主義を礼賛することばかり教わりました。

たとえば一八五七年の「セポイの反乱」については――インド側からすれば第一次独立戦争なのですが、そういった視点は教わらず――完全にイギリス目線でインド側が悪、という一方的な見方で教わりました。今は歴史が見直されて、中立的になっていると聞きます。そのほうがいいと思います。

イギリスの教育では十一歳で一度、成績ごとにクラス分けがされますが、勉強は得意なほうで、一番上のクラス、十二歳でも同じようにクラス分けがあり、その時も一番上のクラスでした。

下のほうのクラスは自分の得意科目を徹底して学ぶのですが、上のクラスは文系の科目も理系の科目も満遍なく学ばされます。だから試験も下のクラスは四、五教科しかないのに、私のいるクラスは十四教科もあった。

ほとんどの科目は得意でしたが、唯一、地理と美術だけは苦手でした。

地理に関しては、なぜこんなことを学ぶ必要があるのだろう、とまったく学ぶ意欲が湧かず、美術についてはやる気があるとかないとかの問題ではなく、単純に絵を描くのが苦手でした。美術の先生も諦めたのか、「もう美術の授業は受けなくてもいいから、ほかのクラスに行って別の勉強をしていなさい」と言ってきたほどです。

学生時代のスパルタ教育に話を戻すと、職員室に行ってもノックは二回しかしてはいけないと決まっていました。コンコンコンと誤って三回ノックしてしまった日には大変です。先生は「どういうつもりで三回ノックしたんだ！」と大激怒します。

給食も質素で、肉は出るものの、あとは煮た野菜とポテトだけ。味付けはなく、お世辞にも美味しいと言えるものではありませんでした。これらは宗教的な意味も含めて、我慢を覚えさせるための教育だったそうです。

学校のトイレも、なぜだかよくわかりませんが、一時間目が始まる前と最後の授業が終わったあと以外は使ってはいけないことになっていました。不思議なもので、そういう生活を子供の頃から続けていると体が順応して、トイレを我慢できるようになります。

大人になってからこの習慣は役に立っていて、打ち合わせや会議などでよくトイレに中座する人がいますが、私は二、三時間の会議なら、どんなに水分を取っても一度もトイレに中座したことはありません。

家も学校同様、寝室に暖房はなく、真冬は窓を開けて寝る慣習があるので、子供の頃は寒さ、我慢との戦いでした。

私より下の世代から徐々に現在の緩やかな教育制度に変わっていき、冬にコートを着てもオーケー、暖房も完備、体罰も禁止ということになっていきました。

そのため、スパルタ教育世代と新教育世代では、立ち居振る舞いからして違うので驚きます。

二〇一六年、父が亡くなり、葬儀で久しぶりに親戚一同が集まったのですが、スパルタ教育世代と新教育世代できれいに反応が異なりました。

私を含むスパルタ教育世代の母や兄弟はみな、葬儀ではまったく感情を出さずに毅然としているのに対し、私より若い親戚たち、つまり新教育世代は泣き崩れている。感情をむき出しにしているのです。

感情を表に出すのが悪いというわけではないのですが、私からすると不思議に映りました。まるで我慢ができない、感情をコントロールできない人間のように見えたからです。

教育が及ぼす影響は凄まじいのだな、とその時、感じました。

大学に進学するのは一割

イギリスでは当時（一九八〇年代）、五歳から十六歳までが義務教育（現在は十八歳）でした。非常にスパルタで、前回の授業で教わったことを覚えていなかったりすると、ほかの生徒の前で叱られたり、馬鹿にされたりしたものです。

学校は朝の八時半から始まり、朝礼のあと、授業は一回三十五分。午前中は二十分休みが一回、お昼に一時間の休み、午後は休みなしという時間割。一つの教室で先生が入れ代わり立ち代わり授業をするのではなく、生徒が先生のいる教室に移動する。移動は面倒臭かったですが、一回の授業が三十五分と短く、毎授業ごとに移動するおかげで気分がリフレッシュされ、集中力が持続できたように思います。

宿題も毎日、大量に出されました。午後三時四十五分に学校が終わり、家に着くのは午後四時くらい。そこから宿題にとりかかり、夕飯を簡単に済ませて午後九時まではずっと宿題です。金曜日は平日以上に宿題を出されるので、週末は半日、下手をすれば丸一日、宿題でつぶれることもあります。

十二歳で学力ごとにクラス分けされるので、クラスのなかで極端に勉強についてこられない生徒はおらず、基本的にはみな真面目でした。

私たちの親、教師の世代は戦争を経験し、配給制度で育っています。一九四〇年からイギリスでは食料品や衣料品は配給制で、終戦後もそれは続き、完全に配給制度が終わるのは一九五四年です。

そういったモノがない、貧しい時代に育ったため、何事に対しても「もったいない」との意識が強く、学校へ行っているのに勉強しない、などということが私たちの親世代は考えられないのです。

だから、昔は「引きこもり」は許されません。不登校の生徒がいれば、教育委員会の人がその生徒の家まで行って無理やり連れ出していました。それでも登校しなければ親は親権を放棄している、と犯罪者扱いです。

教育委員会は町のパトロールもしていて、昼間、学校をサボっている子供を見つけたらすぐに警察を呼び、保護するといった具合でした。いまのように、学校を休んで親と旅行に行くなど考えられませんし、子供はまじめに学校へ行く選択肢以外なかったのです。文字どおり〝義務〟教育でした。

クラスは二十人程度なので、先生の目も行き届きます。レベルの高い学校だと、クラスのなかで学力に差があれば、それは先生の責任とされてバッシングされますから、先生も必死です。

十六歳のときの国による試験では、経済学、簿記、ドイツ語、フランス語、スペイン語、ラテン語、歴史、数学、化学の科目の成績が最も良かった。

十八歳で再び国の試験があります。十六歳から十八歳の間に、科目をさらに絞って、三つから五つにすることが一般的だったなかで、私は、ドイツ語、数学、経済学を中心に勉強をしました。

スポーツは陸上、テニスが好きでしたが、特別に才能があったわけではありません。音楽は好きで、十一歳から学校の隣の教会の聖歌隊にも入りました。毎週二回の練習と、日曜日の二回の礼拝で歌っていました。祖母に、寝る前に必ず本の一章分を読みなさいと薦《すす》められましたので、大学までの間に、シェークスピアの全て、聖書全文、イギリスの古典文学をほぼ一通り読みました。子供の頃、とにかく学ぶことが好きで、食べることや寝ることなどは、時間の無駄に感じていました。

私のクラスは大学進学する生徒が多かった。当時の大学進学率は一割程度。義務教育を終えると社会に出る人がほとんどで、親の了解があっても誰でも大学に行ける時代ではありませんでした。

四人兄弟の中で、私以外、大学へは進学せず、十六歳で社会に出ました。大学入学は十八歳からなので、進学したい人は卒業したあと大学受験までの二年間、塾に通う場合もあるし、名門の学校の場合だと進学希望者は十八歳まで勉強させてくれるコースを設けています。私の通っていた学校は地元では一応、名門とされた学校だったので、そのまま十八歳まで学ばせてくれました。

余談ですが、一九九〇年以降、イギリスの教育制度は大きく変化します。義務教育が十八歳に引き上げられたのは二〇一五年です。

イギリスは産業革命が起こった国。義務教育を終えると、大半は工場で働きました。丁稚は勉学よりも技術が求められますから、義務教育が十六歳でも問題がなかった。十八歳までに引き上げられたのは、サービス業に従事する人間が増えて社会のニーズが変わったという事情があります。

一九九二年には、ポリテクニックが大学に格上げされました。ポリテクニックとは、MIT（マサチューセッツ工科大学）のようなプロフェッショナルを育成するための学校です。主にドイツ、アメリカ、フランスでは十九世紀から建築、会計、法学、IT、経営学などの専門分野を大学で教育し始めました。これに対応するためにポリテクニックができたのですが、それまで大学より下に見られており、大学の扱いを受けていなかったのです。

一九九八年、それまで無料だった大学の授業料を有料化しました。有料化によって、大学は学生集めに奔走《ほんそう》するようになり、その結果として大学進学率は激増しました。

私の学生時代は、自分が行きたいかどうかよりも高校側の判断が大きかった。当時、大学に進学する一割くらいの人間というのは、ゆくゆくは官僚か弁護士か、はたまた医者かといった超エリートでした。

大学は学費が無料なだけでなく、学生の生活費なども出してくれましたから家庭の負担にはならず、高校側からこの成績なら大学に行けますよと言われれば、親もよほどおカネに困窮《こんきゅう》してすぐに働いてもらいたい場合を除いては、大学進学を止めません。

ただ、私の親の場合は違いました。私の父は陸軍出身のエンジニアで、兄弟も長男は空軍、次男が海軍、四男が公務員という軍人一家、高校を卒業したら軍人になるのが当然でした。先祖代々でも軍の大学以外、一般の大学へ進学した人はいません。私はこのままでは自分も軍隊に入れられてしまう、と十六歳の時に大学進学を希望しましたが、父には反対されました。

わが家には、十八歳になったら家を出る決まりがあったからです。兄たちは十八歳の誕生日を迎えた次の日、家を出ました。もし大学に行くとなれば自立することはできないし、大学の長期休みの間、家に帰ってくる。両親としては、早く家を出て自立する伝統を守ってほしかったのでしょう。

父には「大学に行ってどうなるんだ、軍隊に入りなさい」と言われましたが、私は必死に大学進学を訴えました。一応、なんとか説得はできたのですが、父は一つ条件をつけた。

「大学に行くのであれば、オックスフォードかケンブリッジのどちらかにしか行かせない」

私の高校はニュートンが出た高校で、ニュートンがケンブリッジに行った関係から、理系はケンブリッジ、文系はオックスフォードに行く習慣がありました。そして私も例に漏れず、オックスフォードを受験することになったのです。

日本でいう文科省に、行きたい大学の希望を五つ書いて提出するのですが、オックスフォードと一校だけを書いて提出しました。というのも、書類には父のサインが必要で、オックスフォード以外、書かせてもらえなかったからです。

後日、文科省から電話がかかってきました。

「なんで一校しか書いていないんですか。ちゃんと五校書いてください」

父は「わかりました、書き直させます」と言って、なんと第一希望オックスフォード、第二希望オックスフォード、第三希望オックスフォード……と、五つすべてオックスフォードと書いて提出させたのです。いま考えるとむちゃくちゃですが、向こうも諦めたのか、なんとかそれで通った。

十六歳と十八歳の時、科目別の国の試験があってその成績で行ける大学が決まるのですが、オックスフォードとケンブリッジだけは、大学独自の試験を設けていました（現在は廃止されています）。試験は四学期試験、七学期試験の二通りがあります。

イギリスは一年三学期制。四学期試験というのは、十六歳で卒業してから四学期目に受ける試験。つまり十七歳で受ける試験です。かなり早い時期の受験で、勉強できる期間が短く、四学期試験で合格するのは至難の業といわれています。ただ四学期試験で合格すれば、国の試験は二科目で済み、E判定を取ればいい。E判定は、よほどのことがない限りは取れます。俗に言う、顔パスです。

七学期試験は七学期目、つまり十八歳まで二年間の勉強を終えて、国の試験の結果が出たあとさらに一学期勉強して受ける試験で、大半の受験生は七学期試験を選びました。四学期試験よりも勉強できる期間が長いからです。ただ国の試験は五科目で、ほぼA判定を取らなくてはいけません。

どちらを選択しようかと考えていたのですが、先述したようにわが家は十八歳で家を出る決まりがあるので、十八歳になってから受験する七学期試験を父は許してくれなかった。そこで自動的に、超難関の四学期試験を受けることになったのです。

当時、親友だったクラスメイトもオックスフォードを受験——しかも同じ四学期試験で——することになっていました。彼は凄まじい教育ママに育てられたため、クラスの成績はほぼ全科目でトップ。

私はといえば、受験に必要な自分の得意科目だけはトップでしたが、全科目平均でだいたいクラスの五位くらい。ですから､学校側にオックスフォードを受験すると言ったら｢馬鹿なこと言うもんじゃない。成績が五番目のくせに何を考えているんだ」と反対されました。

一方、彼がオックスフォードを受験すると学校に伝えると、「君なら問題ないだろう」とお墨付きをもらっていた。それくらい、彼は優秀でした。

彼の家に遊びに行った時のことです。元高校教師の親友の父に、自分もオックスフォードを受験すると話すと、こんなアドバイスをくれました。

「難関のオックスフォードといっても、歴史や法律などの主流ではない、珍しい専攻であれば入れる可能性が高くなるよ」

私はそのアドバイスを聞き、何かできることはないかと考えました。経済学の成績がよかったので『エコノミスト』という雑誌を買ってきて、各国の経済成長率をリストアップ。日本はトップ。次は語学も強かったから、各国の言葉を勉強する大学生の数を調べると、日本は逆に最下位でした。

「いま、日本学が狙い目なのではないか――」

私は親友の父のアドバイスをもとに、日本学専攻で受験しようと決めたのです。親友は歴史が好きだったので、歴史学を専攻。ただ、歴史学はオックスフォードのなかでもっとも人気が高く、競争の激しい専攻でした。

大学入学のユニークな思考試験

学校でオックスフォードを受験したのは私と親友の二人だけで、試験は三日間、午前二時間、午後二時間、行われました。面白かったのは、普通の学科問題と別に、半分は思考試験と呼ばれる試験があることです。

たとえば、「神様の存在についてどう思うか」とか「正当な離婚の理由を書け」「どこまでがセクハラ、どこまではセクハラではないか」などの正解のない設問ばかり出される。もちろん手書きなので、途中で大きな間違い、矛盾に気づいても修正はできません。頭でロジックを組み立て、修正がないように書くのは大変でした。

まず、その試験に合格しないと面接に呼ばれないのですが、二人とも何とか筆記試験はパスし、面接までこぎ着けました。

面接は後日、オックスフォードに行って、二日間かけて行われました。面接官は自分が専攻する学科の教授で、この学生を教えたいか教えたくないかを含めて、学生の能力をチェックするのです。一時間、面談したあとは、また別の教室で待機している教授のところへ行って面接を受ける。これの繰り返しです。

この面接がまた面白く、思考試験と同じような問いを投げかけられました。

たとえば、「もし先の大戦でヒトラーが○○したらどう状況は動いたと思う？」など高校では習っていないようなことを投げかけてくる。習っている知識に新しい事実を加えてそれを消化し、考え方、結論を調整できるかどうかを見る。いってみれば、頭をコンピュータに例えるならば、入っているデータよりはアプリの能力を見たいということでしょう。オックスフォードの教授はみな個性豊かで、人によってはまったくわけの分からない問いかけをしてくる教授もいました。

教授たちは、学生がどこまで教育されて、どこまで暗記力があるかを確認しているのではなく、どこまで思考能力があって、どこまで伸び代《しろ》があるかをチェックしていると言われます。

先述した思考試験は、一応、過去問があり、高校の先生にチェックしてもらえますが、面接は対策を立てることができません。その場その場で、パッと対応しなくてはならず苦労しましたが、何とか二日間の面接を乗り切りました。

合否の通知が来る頃は、気が気ではありません。郵便配達員が来るたびにドキドキしていたほどです。そしてとうとう、オックスフォードから通知が来ました。簡潔な文章で二行、こう書いてありました。

「先日はありがとうございました。もしよろしければ十月、お目にかかりたいと思います」

普通の合格通知とは違い、「合格おめでとうございます云々」などの文言がない、その文章がいかにも上品というかお洒落で、さすが一流大学だと感じ入ったものです。

父に合格したことを伝えると、思いがけない答えが返ってきました。

「自慢か？　人の自慢なんて目障りなだけだ」

この言葉を聞いた時の衝撃は未だに忘れられません。ただあとから聞いた話では、父は当時、私がオックスフォードに合格したことを仲間内では自慢していたそうです（笑）。あの言葉は照れ隠しだったのでしょうか。

母にも報告しましたが、父と同様、そっけない答えでした。

「じゃあ、まだ面倒を見なくちゃいけないのね。迷惑な話です」

オックスフォード合格は地元の新聞にも取り上げられ、私は一躍有名人になってしまいました。それほど、四学期試験で合格するのが珍しかったのです。

ただ、日本学専攻ということは親に伝えることができましたが、親より上の世代には伝えませんでした。親より上の世代は、日本に対してあまりいい印象をもっていません。母方の祖母の兄弟が、先の大戦で民間人としてマレーシアやビルマにいたのですが、日本軍の捕虜となって全員帰ってこなかったからです。ですから卒業するまで、自分が何を専攻しているかは隠していました。

親友は、残念ながら面接は不合格でした。オックスフォードの面接は、国や企業のトップになれるか、カリスマ性があるかも見ており、頭はいいけれど面白みがない人は落とされてしまいます。また、スポーツや趣味など、勉強以外の得意分野があればあるほど、オックスフォードに入るための熾烈《しれつ》な競争に勝ちやすいとされています。

たしかに彼は真面目過ぎて、面白みに欠けたのは事実です。そこがオックスフォードの校風と合わなかったのでしょう。

彼の母親は合格するものだと思って、試験を受ける前から「一緒に受験するアトキンソンより、息子のほうが学力は上。息子はオックスフォードに行く」と言いふらしていただけに、大変ショックだったようです。私はその教育ママから「息子の入学を邪魔した」とバッシングされ、それまで遊びに行っていた親友の家も出入り禁止にされてしまいました。私にアドバイスした親友の父は、母親にかなり絞られたそうです。合否の結果が出てから、親友との交流は一切なくなりました。

この話には続きがあります。オックスフォードに落ちた親友は別の大学に入学することになっていましたが、イギリスは秋入学でその年の春、突然、オックスフォードの合格者の一人がキャンセルして欠員が出た。彼は不合格者のなかでトップの成績だったので繰り上げで合格となり、オックスフォードに入学することが決まったのです。

ただ、無事に入学できても、親友の母の怒りは収まらなかったようで、大学卒業まで、彼が私に話しかけることはなく、そのまま縁が切れてしまいました。

だから大学卒業後、彼がどのような道を歩んだのかも、残念なことに知らないのです。

無事、オックスフォード大学に合格したわけですが、後悔していることが一つあります。

イギリスの高校は五月卒業で、大学入学は十月。その間の半年、自由な時間があります。

私の学生時代（一九八〇年代）は、合格者の約半数が入学を一年遅らせて約一年半、休みを取っていました。その休みを利用して世界一周の旅に出るなど、見聞を広める時間に充てるのです。いまでは大学側が一年入学を遅らせることを推奨しているので、ほとんどの合格者が入学を一年遅らせています。

その理由は、大学に入る前に、広い世界を見たり、自由な時間をどう有効に使うか考えたりすることは学生の自立を促すのに役立つことからです。

ただ先だってオックスフォード大学の学長に会ったのですが、彼は数学の能力は休むとすぐに低下してしまうので、数学を専攻する学生だけは休ませない、と言っていました。

私はといえば、入学は遅らせず、半年間、ずっと勉強していました。入学前に課題が出されていて、日本語のひらがなとカタカナを全部覚えておけというもの。これに費やしたわけですが、やってみるとたいした時間はかからなかったので、あの時期にもっといろいろなことにチャレンジしておけばよかったな、といまにして思います。

オックスフォード大学とは三十八のカレッジ（教職員と生活をともにする学寮）の連合体

の総称で、学生はそれぞれのカレッジに入学します。つまり、オックスフォードという大学キャンパスは存在しないのです。講義、試験の実施は大学、先生と数人の学生だけでのチュートリアル教育というオックスフォードの特徴は、カレッジの役割です。

オックスフォード大学の創立は諸説ありますが、もともと十一世紀の終わり頃から十二世紀の初頭にかけて、教会が神父の育成のためにつくったとされています。

王室との関係が深いので、大学の敷地内は治外法権でした。たとえば、二〇〇三年までは国の警察は大学の敷地内に入ることができず、敷地内で何か犯罪行為があれば、大学警察という組織があり、そこが犯人を逮捕したのです。

また、オックスフォードの学生だけで大学国会議員を二人選出する選挙が一六〇三年〜一九五〇年まで続きました。

禁欲的な寮生活

オックスフォード大学では、なるべく同じ専攻の学生が固まらないように、入学させるカレッジはバラバラにします。私が入学したセント・ピーターズ・カレッジ——母校の校長がセント・ピーターズ出身だったのでそこに決められました——では、日本学専攻の学生はいませんでした。

一年生の時は、集団生活が義務付けられています。カレッジのなかに学生が住むための部屋があり、そこで生活するのです。寝室などもついている広めの部屋が与えられました。教会が作っただけあって、まるで修道院のように規律は厳しく禁欲的。部外者は部屋に泊めてはならず、門限の午前零時までに戻らないといけないので、昔は夜中にカレッジに戻るのに、バレないように囲いの塀を登って戻ることが多かったと先輩に聞かされました。数人の学生に対して、一人のスカウトと呼ばれる世話役のスタッフが毎日、部屋の掃除などの世話をしていました。

昔は、教授は結婚すると大学をキックアウト（追い出す）されていましたから、かなりストイックな規律が色濃く残っていたのです。

ちなみに一九七四年までは、男性と女性は完全にカレッジが分かれていましたが、当時は女性専用カレッジだったセント・ヒルダズ・カレッジなども、現在は男性を受け入れるようになっています。

もう一つの決まりとして、週四回はカレッジの食堂で朝夕、食事をとらなくてはいけませんでした。出席を取られていて、出席日数が足りないと卒業できなくなります。前期、食堂で食事しなかった学生はあとになって、毎日のように食堂に来ることになります。

映画『ハリー・ポッター』シリーズのなかで、魔法学校の生徒たちが食堂で食事をとるシーンがありますが、実はあの撮影はオックスフォードのクライストチャーチ・カレッジで行われています。だからオックスフォードの食堂はまさにああいった感じで、長いテーブルとベンチがあり、そこで学生は食事をとる。すべて無料で、料理はスタッフが運んできてくれます。二年生になって街に住むことが許されても、食堂のルールは変わりません。

現在では廃止された制度ですが、生活費は学期ごとに政府から十数万円の小切手が届きました。ただ食費は食堂で済ませれば無料ですし、学費もかからない。一年生の時はカレッジ生活で家賃もないので、ほとんど生活費はかかりませんでした。

入学して最初にカルチャーショックを受けたのは、カレッジに引っ越してきた初日でした。先述したように一年生はカレッジで生活するので、実家から服など日用品を持ってきます。私の親は当然、手伝ってはくれませんから、使用人に頼んで車で荷物を運んでもらいました。

同じカレッジの同級生たちも同様に荷物を運んでもらっているのですが、見ると運んでいる人たちはみな自分の親くらい齢をとっている。

「うちの親の齢になっても使用人をしなければいけないなんて気の毒だな」と思って見ていました。

荷物を部屋に置き、同級生に挨拶したついでに訊ねてみました。

「おたくの使用人は、ずいぶん齢をとっているんだね」

「あれは使用人じゃない。親だよ」

それを聞いて、相続税などで使用人が雇えないほどおカネを持っていかれてしまったのですね、お気の毒に……と思っていたのですが、どうやらそういうことではないらしい。その時、親が荷物を運んでくれるなんてうちでは考えられませんでしたから、ショックでした（余談ですが、日本に来てからもイギリス以上に親しい親子関係があることに感動しました）。

また、スコットランド出身の同級生のしゃべっていることが、なまりがキツくてまったく聞き取れなかったり、リヒテンシュタイン家の跡取り息子やマハラジャの娘が同級生にいたり、自分がいかに狭い世界しか知らなかったかを思い知りました。

入学までの休みでいろんな世界を見ておけばよかったなと思ったのは、そのためです。

大学では、担当教授との必修授業が週一回あるだけ。ほかの教授による講義もありますが、出席はとらず、「こういうテーマについて講義するので、興味のある人は来てください」といった程度のものです。基本的には自主学習で、自分の専攻と関係ない講義を聴講しに行くのも自由です。

オリエンテーションのあと、教授からすぐに課題が出されました。その時は「大化の改新について」で、課題図書のリストと、それとは別に翻訳の課題も渡されました。

日本語の知識などまったくなかった私にとっては、日本語の文章を読むだけでも大変な作業。辞書の引き方を同じ専攻の先輩に教わり、一語ずつ調べながら課題図書を読み進めていく。一行読むだけでも、非常に時間がかかりました。

日本語を学ぶうえで難しかったのは、ひらがなばかりの文章です。単語の知識がないので、どこで区切って読めばいいのかわからない。大学で使う日本の古い文献や史資料は漢字が多いので、まだ読みやすいのですが、現代の日本の雑誌などは、ひらがなが多くて読みづらかった。

毎週出される論文の課題は、「源氏物語は他の文学作品とどう違うか」「千利休と豊臣秀吉の関係について」「なぜ武士に政権を取られたのか」「荘園制度はなぜ崩壊したのか」など、毎回、難しいテーマばかり。毎週、なんとかこなしていき、入学して二カ月が経った時には、日本語の資料はある程度、読めるようにはなりました。

書いた論文は教授の前で読み上げ、教授はそれを聞きながら疑問点を指摘していきます。はじめのうちは、まだ二、三行しか読み上げていないのに、教授から「前提がおかしい」「考え方が幼稚だ」と厳しく指摘されるので、なかなか進みません。

教授は論文に書かれている前提は本当に正しいか、あるいは前提の奥にさらなる前提はないかなど徹底的に追及してきます。つまり、知識を身につけさせるというよりも、研究の仕方・プロセス・思考法を教えているのです。

また、論文のテーマは学生ごとに異なるので、試験では自分の書いた論文のテーマのなかから問題が出るとは限りません。課題のテーマの周辺のことも学習、研究しておかないと点数が取れないような試験になっていました。また、卒業試験の成績だけで卒業が決まるので、三年間は成績が出ません。

いまはどうかわかりませんが、私の学生時代は「午前中は勉強、午後は自由時間」ときっちり分かれており、たとえばカレッジにはテニスコート、クリケット場などがあるのですが、午前中は使用が禁止されていました。

天気の良い日などは午後、みんな外に出てカレッジの中庭の芝生の広場で談笑したり、スポーツをしたりします。昼食のあとはよくお互いの部屋に集まり、「どんなことを勉強しているのか」とか「あの先生はどういうふうに教えるのか」とかいろいろ情報交換していました。

当然、学生同士で会話していると、必ず議論に発展します。

「僕は○○だと思うんだけど」と誰かが発言すると、「well you say that…」（そうはいっても）というようなことをまた誰かが言い、議論の火蓋《ひぶた》が切られるのです。

「そう思う根拠は？」

「その結論はおかしいんじゃないか」などと談論《だんろん》風発《ふうはつ》。しかも専攻の違う学生が集まっているので、指摘する視点もさまざまです。

哲学を専攻している学生ならば「理屈の立て方がおかしい」とか、語学を専攻している学生ならば「いまの言葉はそのことを表現するのに適当じゃない。もっとボキャブラリーを増やしたほうがいいね」とか、いろいろな角度から指摘してくる。

人間の頭は都合よくできていて、自分の考えに矛盾があっても案外気が付きません。学生時代、そういった侃々諤々《かんかんがくがく》の議論をしたことで、論理的な思考力が鍛えられていきました。

だからオックスフォード大学出身者は、会話しているとすぐにわかります。ゴールドマン・サックス時代、別の会社の人に「私は○○だと思います」と言ったら、「そう思った理由と前提を説明して下さい」と返され、「この人は間違いなくオックスフォード大学出身者だな」と思って訊いてみると、案の定、そうでした。

才能豊かな学生たち

オックスフォードの学生にもなると勉強ができるのは当たり前で、それにプラスしてほかの才能が求められます。そのレベルの高さにビックリしました。

夜は学生のサークルによる芝居やクラシックコンサートなどが催され、今夜はあっちのコンサート、明日は向こうの芝居を鑑賞しに、といろいろ見て回っていましたが、素晴らしい才能を持った学生がたくさんいました。

たとえば、ある学生は英国王立音楽検定でトップレベルのグレード8を取得していたり、またラグビーのイングランド代表だった学生はクラシックの楽器もプロ並みにうまかったり。

ミスター・ビーンで知られる世界的なコメディアン、ローワン・アトキンソン氏は、オックスフォードのお笑いサークル出身です。学生時代から、彼は全国で有名人でした。

また、オックスフォードにはオックスフォード・ガーゴイルズという学生コーラスグループがいまでもありますが、彼らはCDを発売したり、世界ツアーを行ったりして活躍しています。

音楽が好きだった私は、仲間を集めて演奏会をやろうと考えていました。カレッジと食堂をつなぐ道の途中にほとんど使われていない寂しいチャペルがあり、そこでお昼時にドアを開けて演奏会をやれば誰かしら来てくれるのでは、とそのチャペルで演奏会を始めたのです。

やり始めると評判がよく、毎週やることになり、ブッキング係だった私は「この演奏会は継続しなくちゃいけないんだ。お願いだから頼むよ」と合唱・楽器経験者に声をかけ、演奏者集めに奔走していました。

その時に出会った学生がただのガリ勉くんかと思っていたら、いざ歌うとすばらしい歌唱力だったり、また別の学生は渡した楽譜を初見で完璧に演奏したり、オックスフォード学生の才能の豊かさに目を丸くしたものです。

お昼の演奏会はいまだに続けられています。私が始めたことを知らなかったのでしょう、以前、学長に会った時、「うちのお昼の演奏会は名物になっているんです」と言うので「それを始めたのは私ですよ」と返すと驚いていました。

素晴らしい才能＋ノーベル賞をとれるような頭脳も持っている学生がわんさといるわけですから、ずっと地元ではトップだったような人間でも、オックスフォード大学では一番下ということが少なくありません。

レベルの差をまざまざと見せつけられ、自信を失い、ノイローゼになってしまう学生も多く、公表はされていませんが、実はオックスフォードの学生の自殺率は高いのです。

私はどうだったかといえば、親に褒められたり、ちやほやされたりしませんでしたから、「すごい人がいるものだなぁ」と思う程度で、ノイローゼになることはありませんでした。

親からはよくこう言われました。

「成績がいいといったって、それは誰かと較べてよいという、相対的な話。神様から見たら、人と人との能力の差なんてわずかでしかない」

そもそも軍人の家系であるわが家では、勉強が多少できても持て囃《はや》されなかったのです。

自分の学びたいことを専門にしている先生がオックスフォードにいない場合には、他の大学から先生に来てもらうこともあります。むろん授業料、滞在費などは大学持ちです。

たとえば、ある学生は和歌について関心があったのですが、専門に研究している先生がいなかったため、イスラエルの大学から和歌研究の先生に来てもらい、二カ月間、講義してもらったこともありました。

他校の先生にとっても、オックスフォードは憧れの大学。

「うち（オックスフォード）の学生に教えてやってほしい」と言えば、喜んで引き受けてくれます。

一人の学生のために、費用などを負担して他校から先生を招くオックスフォードの姿勢、情熱はいま考えれば凄かったと思います。

一年生の時は、日本史をメインに勉強しました。それまで私は日本の歴史について何も知らなかった。

そもそも、イギリスの教育には「世界史」がありません。学ぶのは自国の歴史だけで、フランスやドイツの歴史を個別に学んだりはしないのです。自国の歴史は、イギリス人として自分の国がどうやっていまの形になったのかを知るために当然、学びますが、他国の歴史を学ぶのはある意味で趣味の領域、という考え方に基づいているようです。

日本に関しても、一九〇二年にロシアの極東進出政策に対抗するために日英同盟を結んだとか、第二次世界大戦では日本と戦ったとか、その程度の知識しかありませんでした。

日本史を学んで興味深かったところは、曖昧《あいまい》な点がいくつもあったことと、歴史に対する価値観の違いです。

たとえば、王室について。

日本では、一般的に「いまのイギリス王室の歴史は浅い」と言われています。確かに、現在の王室はヴィクトリア女王が亡くなった後の一九〇一年に創設されました。一九一七年に王室の名前を変えています。

イギリスの価値観では、国王と女王との間で生まれた男だけに継承権があるので、ヴィクトリア女王の息子さんが継いだ時に、ヴィクトリア女王の王室が途絶えたことにされて、新しい王室が継いだことになっています。同じように、いまの女王は現在の王室の最後の代となります。チャールズ皇太子が継承すると、新しい王室となる。また、女王との間に子供がいないと、国王の近い親戚が継ぎます。そのときはまた新しい王室としてスタートします。

一般的には、国が統一された後からイギリス王室の王を数えます。

ただ、そのルーツを遡《さかのぼ》ってみると、現在のイギリスという国に統一される前、複数の王国が支配しているなかで西側の国王がどんどん勢力を拡大、全国を支配するようになり、現在の王室はスタートしました。つまり、たどっていけばもっと古い歴史がある。現在の王室は、五三四年に亡くなった初代から数えられることが、私の親の世代の教科書に書かれてありましたが、今は文献主義なので、教えられることはないそうです。イギリス王室は狭い定義では二〇二一年で百二十年にあたりますが、「流れ」を汲む広い定義では一四八七年にさかのぼれます。同様に、イギリスは一八〇一年一月を今の国家の創建としていますが、「流れ」を考えればもっと長くなります。

しかし日本という国家の歴史は、外国人にとって非常に分かりづらいです。初代天皇である神武天皇からスタートし、各天皇の支配圏がどこまで及んでいたかなどは、勉強すればある程度わかりますが、はっきり皇室と国家の歴史的な変化について体系的に書かれた資料は当時、見つかりませんでした。

宮内庁の資料を読んでも、皇室の通史というよりは天皇ごとの歴史という印象です。日本史を学ぶうえで研究しづらい部分がかなりあって、「明治時代につくられた歴史」の名残《なごり》ではないか、とよく先生に説明されました。

勉強をすればするほど、今の日本で「日本の伝統」「伝統文化」と言われて、あたかも古くから続いているとされるものが、明治時代に大きく変わっていることが多いとわかる。下手をすれば、戦後のGHQ（連合国軍総司令部）以上の変革だったと思う時があります。確かに、私が学んでいる裏千家の茶道も、明治時代からかなり大きく変わっているのですが、テレビを見ていると、あたかも千利休さんのお茶がそのまま受け継がれていると誤解している人が多いと感じます。

まれに、西洋風の結婚式を嫌う人が「日本古来の神前結婚式」をするべきだと言います。

しかしいまのスタイルになったのは、実は明治時代になってからです。

神前結婚式は一九〇〇年、大正天皇が皇太子時代、初めて宮中賢所大前《かしこどころおおまえ》で結婚式を行い、同様の結婚式を挙げたいという市民が増えたことで広まっていきました。

それまでは自宅で祝言《しゅうげん》を挙げるのが一般的だったようですが、多くの人に訊くと、あたかも大昔から神前結婚式の伝統が続いていると思っていて、その歴史やルーツを追求しない姿勢に、やはり価値観の違いを感じました。流れを汲《く》む日本人と、なんでもきつく定義をするイギリス人。どちらがいいという話ではなくて、ただ単に違うと言いたいだけです。

日本の歴史の中で、曖昧な部分があるだけではなくて、大胆な変化があることにも驚きました。内乱や内戦を契機に大転換をくり返したことは、日本という一つの国の中で、欧州全体に起きたような複雑な歴史があるように思いました。奈良に都ができてまもなく、京都に遷《うつ》る。天皇家の支配から、武士の鎌倉幕府へ。鎌倉幕府が倒れてから数年だけ天皇が支配してから、また新しい幕府が登場する。応仁の乱の後に、統一国家が崩れて、戦国時代に。信長から秀吉へ。今度は関ヶ原の後に徳川幕府。そこから明治時代。なんとダイナミックな歴史だと感動しました。

日本史の大きな流れを一通り勉強したあと、何をテーマにして論文を書くかは基本的に自由で、私は「大化の改新」「戦国時代末期」「明治維新」をテーマに勉強しました。

この三つは間違いなく日本の転換点ですし、なぜあれだけドラスティックな転換ができたのか、研究してみたかったのです。

ただ、大化の改新や明治維新のような大きなテーマだと、それだけ読まなくてはいけない本、資料の数も増えます。

テーマをもっと狭いものにすれば、読む本や論文も少なくて済みますが、テーマは毎週、先生と相談して決めるので、ニッチなテーマを提案すると「手抜きしようとしてるだろ」と見透かされてボツにされてしまう。

毎週大量の本、資料を読むのは骨が折れましたが、ある程度コツを摑《つか》むと、数ページ読めばこれは信頼できる資料であるかどうかの判断力がついてきます。読んでも仕方のない本は、すぐに省くことができる。

いま思えば、あの週に一回の論文の講評は、論理的思考の訓練であると同時に、どれだけの本、資料を取捨選択しながら読み込み、血肉にできるかという訓練でもあったように思います。

なかにはずる賢い学生もいて、大して本を読んでいないにもかかわらず、もっともらしい論文を書くのに長けていた人もいました。

それもある意味、能力が高いといえるかもしれませんが、まるでコンサルタントのアドバイスのように――私は大学を卒業してすぐコンサル会社に務めたので、手の内がわかるのです――かっこいい言葉を並べ立てて、なんだか深いことを言っているような、しかし中味がどこまであるのかわからない論文なのです。

学生の勉強のスタイルは様々で、朝から晩まで勉強している人もいれば、右の学生のように一日だけしか勉強はせず、あとの六日間は遊んでいる学生もいます。

ただ、朝から晩まで勉強している学生は、オックスフォード内ではあまり評価されませんでした。「要領が悪い」「才能がない」と見られるのです。

もちろん、勉強することは立派なことですし、オックスフォードの学生の大半は必死に勉強していますが、いかに努力している姿を見せずに結果を出すかが学生の美学だったのです（大学の授業料が有料化されたいまは変わっているらしいですが）。

日本への留学

先ほど、日本の転換期に興味を持ったと書きましたが、なかでものめり込んだのが明治維新でした。昨日まで「尊王攘夷だ！」なんて言っていたのに、明治政府になったら突然、尊王攘夷など言ったことがないかのように皆、ちょんまげを切り落とし、和魂洋才を唱え始める。日本人のこうした精神性が興味深かったのです。

余談ですが、来日してから、日本人の独特な精神性を身をもって知ることになります。

一九九〇年代、ゴールドマン・サックスにいた頃、日本の銀行の不良債権問題を暴いて、担保不動産を処分しなければ日本経済に未来はない、というレポートを出しました。

当時は銀行からバッシングの嵐。「担保不動産を全部処分したら日本経済は崩壊する。馬鹿なことを言う外人だ」と批判されました。

ところがしばらくして、担保不動産を処分せざるを得なくなったその日から、昨日までレポートを批判していたある銀行の頭取は「担保不動産を処分することは、日本経済にとってプラスだと前から主張していました」と言い始めたのです。

観光戦略における議論でも、同様の経験をしました。

私が自著で「『おもてなし』は主要な観光資源にならない」と主張したことに対して、あえて名前は伏せますがA氏という人物が批判してきて、かなり激しく論争しました。

ところが先日、久しぶりにA氏に会うと、彼はこう言ったのです。

「『おもてなし』なんて観光資源にならないんだよな。ああいうことを言ってる奴はアホだよ」

まるで、私と論争したことなど忘れてしまったかのようでした。

ある意味、日本人は発想が柔軟なのではないでしょうか。

変えるまでのプロセスには時間がかかるが、変わると早い。明治維新では、日本人の柔軟な精神性はプラスに働いたように思います。

オックスフォードでの勉強に話を戻すと、私は漢字の勉強が最も好きでした。漢字の勉強と言っても、書いて覚えるわけではありません。漢字の辞書と日本語の文章を渡され、翻訳するものです。当然、漢字の読み方などわかりませんから、画数を調べて辞書を引きました。翻訳しながら漢字を覚えさせるのです。

漢字を覚えるうちに、「漢字は複数の別の漢字によって構成されていることが多い」ことに気がつき、ある程度、覚えてしまえば、組み合わせるだけでいいので、覚える漢字自体は少なくて済みます。

たとえば「崎」という漢字は、「山」「大」「可」という三つの漢字を組み合わせて覚えました。事実かどうかは分かりませんが、覚えるためのヒントはありました。鳥の字は、体も目も真っ黒なので、鳥という字の目に当たる一本がないからカラスだ。鳥は山に鳥を書く。それは、鳥しか行けない山は島だからだ、とか。その発想を学ぶことは何より刺激的でした。

カレッジのなかでも日本学を専攻しているのは私だけなので、友人から「日本はどういう歴史があるの」とか「日本語の文法ってどうなってるの」とかよく質問されました。

同じ学部の学生とはバラバラにカレッジに入学させられるのでほとんど交流がなく、一年に数回しか会わない人もいましたが、同じカレッジの仲間とは仲が良く、「今週は何の勉強をしたの」と訊かれるのが毎週の恒例になっていたのです。

そのなかで、友人らの興味を一番引いたのが漢字でした。

いまもあるかどうか分かりませんが、当時、日本人の先生による書道の授業がありました。筆の扱いに慣れていない外国人が書くとカドが丸くなるうえ、右左、上下のバランスが悪い。字としてまとまりがないのです。いま思えば、女子高生の書く丸文字に近いような字でした。

いつものように友人たちが「今週は何を勉強したの」と訊いてきたので、習字で漢字を書いたと言うと、「ノートに漢字を書いてくれ」「ポスターに漢字を書いてほしい」と頼まれるようになりました。

明治時代の歴史が好きな学生がいたのですが——彼は空手を習うくらい日本好きでした——彼からこんな頼みごとをされました。

「僕の借りている寮の部屋の壁に、僕が日の丸を描いた。その上に『尊王攘夷』と書いてくれないか」

学生の部屋の壁は塗装が剝《は》がれたり汚れたりしているので、そういったペインティングが許されていました。先日、聞いたら、いまもその部屋には私の書いた「尊王攘夷」の字が残っているそうです。

二年生になると、古文の勉強が始まります。日本人でも古文は難しいとされていますが、私は現代語より古文のほうが文法などのルールがしっかり決まっており、わかりやすかった。英語のルーツであるラテン語を学んでいる気分とでもいえばいいのでしょうか。日本語の成り立ちが理解できましたし、文章のリズムも古文のほうが心地よかった。

そうして日本のことを学ぶうちに、「日本へ留学してみたい」と考えるようになったのです。私が大学を一年休学して日本に留学したのは一九八五年、大学二年生の夏でした。

留学した理由は二つ。

一つは、オックスフォード大学では日本語で会話する授業がなかったことです。教授からはこう言われていました。

「学者、研究者にとって大切なのは、文章を読める、書けること。言葉をしゃべるのは子供でもできることなんだから、大学で学ぶ必要はない」

ためにオックスフォードで二年間勉強して、文章は古文も含め、ある程度は読み書きできるものの、会話はまったくできません。高校生の時、ドイツに留学した経験があり、現地で生活すれば言葉は自ずと習得できることを経験的に知っていましたから、日本に一年もいればできるようになるだろう、と考えたのです。

二つ目は、就職を一年遅らせるため。イギリスでは大学に合格すると、学生は入学を一年遅らせ、世界を旅したり、見聞を広めたりする時間に使うことが多いのですが、私は遅らせませんでした。だから同学年は年上ばかり。大学生活では問題ありませんが、就職した時、社会経験も少ないし、同僚がみな年上というのは少しやりづらいのではと思い、一年休学して調整しようとしたのです。

そして一九八五年の夏、日本学専攻の学生十二人で日本に語学留学しました。この時は夏の一カ月間限定の留学でしたが、私は一年休学を申請し、期限の一カ月を過ぎても日本に残るつもりでした。

当時はまだ冷戦時代。ソ連の上空は飛ぶことができないので、アメリカのアンカレッジ空港を経由して日本に入りました。成田空港に降り立った時、建物はグレーで飾り気もなく、警備体制も厳しかったので「まるでソ連のようだ」と感じたことを覚えています。ドイツに留学した時に見た東ドイツの町並みと重なる冷たさがあったのです。

入国審査はいまとは比較にならないくらい厳しく、入国手続の書類に少しでも不備があれば、全て書き直しさせられるか、最悪の場合、入国拒否に遭います。

当時、書類の書き方のレクチャーや入国管理官の間に何かトラブルが起きた時に、間に入って交渉をしてくれる案内人（日本人の中年女性でした）を大学が用意してくれました。その人の指示どおりに書類を書いたのですが、それでも二、三人、審査にひっかかり、別室に連れて行かれてしまった。どうなるかと思いましたが、案内人が入国管理官と交渉してくれて事なきを得たのでした。

無事に入国し、バスで留学先の都内の法政大学の施設に向かう途中のことです。丸の内周辺を通りかかった時、その光景に衝撃を受けました。イメージしていた日本の街並みとあまりにも違っていたからです。

いまでこそオシャレなビルが建ち並んでいますが、当時は見渡す限り同じような造り、同じような高さの灰色をしたビルばかり。不気味なまでに均一化されたビル群を目《ま》の当たりにして、空港に降り立った時と同様、ここでもまた「まるでソ連だ」と感じたのです。隣の席に座っていた友人と、「自分たちは日本ではなく、どこか別の国に来てしまったのではないか」と冗談半分に話していました。

翌日は法政大学多摩キャンパスへ。前年（一九八四年）に建てられたばかりで真新しかった。オックスフォードの校舎は、十二世紀に建てられたものや、十七世紀に建てられたものなど古い校舎が多いので、近代的な建築のキャンパスに圧倒されたのを覚えています。設備は素晴らしく、キャンパスが広くて感動しました。

オックスフォードのほかに、シェフィールド大学の日本学専攻の学生も二十人ほど留学生として来ていました。

当時、イギリスの大学で日本学を設けているのはオックスフォードとロンドンとシェフィールドくらい。昔はケンブリッジにも日本学がありましたが、私が大学の進路を決めるくらいの時に廃止してしまいました。先見の明がない大学だと思います。

シェフィールドはオックスフォードとは正反対の考え方で、大学では読み書きにあまり重点を置かず、会話の授業ばかりだったようです。そのため、彼らは最初からそれなりに日本語を話していた。ただ、しっかりとした日本語を話すうえで高い文章力、読解力が欠かすことはできないと考えていた私たちとしては、会話重視のシェフィールドの学生を白い目で見ていました。

大学で少し会話の授業を受けたあと、ホームステイ先までの帰路をレクチャーされて、その日は解散。

ホームステイ先に帰るまでの道中で日本の電車に初めて乗りましたが、そのスピードの速さに驚きました。私の故郷に鉄道が敷かれたのは十九世紀初頭。一九六〇年代からイギリスはどんどん衰退していき、設備投資ができていないため、古い設備をそのまま使っていました。だから、しょっちゅう遅延するし、電車のスピードも遅かった。それに比べて、電車のなかもキレイで設備も新しく、日本はどこも輝いているように見えました。

私のホームステイ先は、新宿に住む四人家族（おばあさん、旦那さん、奥さん、息子さん）のお宅。木の塀に囲まれ、ガラガラと格子の引き戸を開けると四畳半ほどの広さの玄関があり、いかにも昭和の日本家屋といった雰囲気の家でした。

長男がすでに独立して一部屋空いていたので、私はその部屋を利用させてもらったのです。

論文や古文しか読んだことのない私は、「こんにちは」「いただきます」などの日常の挨拶すらわからない。法政大学に通う息子さんが少し英語ができたので、家族とのコミュニケーションは彼を通してすることができました。

ホームステイ先では、カルチャーショックの連続でした。

最初に驚いたのは、雨戸を閉める音。夜、どこかの家が雨戸を閉め始めると、近所中が一斉に「バタン！　バタン！」と閉める。イギリスには台風などないので雨戸自体もなかったのですが、それを一斉に閉める音が印象的でした。

もう一つ驚いたのは畳です。イギリスでは基本的に、地べたに座ったり寝たりすることはキャンプ以外にありません。内心、「キャンプじゃあるまいし……」と困惑しました。

あとはお風呂。イギリスは朝、お風呂に入る（いまはほとんどシャワー）習慣がありますが、日本は夜、しかもその家ではお風呂に入る順番もきっちり決まっていて（旦那さん→私→次男→おばあさん→奥さん）、少々戸惑いを覚えました。

それ以上に戸惑ったのが、他の人が浸かった湯船に次の人も入ることです。私の家庭では、一人が湯船に入ったら、その都度、お湯を入れ替えていましたから、これには驚きました。いくら湯船に入る前に体を洗っているといっても、何人も入った湯船に浸かるのは、価値観や文化の違いだと理解してはいても、心理的にかなり抵抗がありました。

余談ですが、一番驚いたのは、おばあさんがお風呂あがり、上半身裸で家のなかを歩いていたことです。隠すそぶりなど一切なく、平然と裸で歩く姿に目が点になりました。

朝は目覚ましなど必要なく、雨戸を仕舞う「バタン！　バタン！」という音で目が覚めました。音が止んだかと思うと、しばらくして「チーン」という音と不思議な匂いが香ってくる。それは、仏壇に供え物をしてお線香をあげているのだ、とあとでわかりました。起き上がろうとした時、カサカサッと妙な音がしてふと目をやると、畳にゴキブリが……。

緯度の高いイギリスには、北海道のようにゴキブリがいません。不衛生な家には出るという話は聞いていましたし、本でもゴキブリなる虫がいるのは知っていましたが、実物を見たのはその時が初めてでした。

布団は畳に敷いていますから、寝ている間にゴキブリが上がってくるのではないかと考えたら背筋が寒くなりました。自分はとんでもないところにホームステイに来てしまったのではなかろうか——そんなふうに思ったものです。

起きて布団を畳むのですが、ベッドなら手間が省けるのに、なぜ日本人は毎日、こんな面倒なことをするのだろうと不思議でした。

部屋のほとんどは畳でしたが、台所だけはフローリングで、真ん中に置いてあるテーブルでみな食事をとります。ただ、旦那さんだけは離れた部屋で食事をとっていました（そのため、旦那さんとは初日にご挨拶して以来、ほとんど顔を合わせることがありませんでした）。おばあさんは着物を着て食事の支度、奥さんは給仕しており、旦那さんが食べ終えるまで二人は食事をとりません。

その家には男性専用の階段と、女性専用の階段がありました。私の家にも使用人専用の階段はありましたが、いま思えば男性優位社会の考え方が色濃く残っていた家庭だったように思います。

朝ごはんはイギリス人の私に合わせてくれたのか、おかずは目玉焼きなど少し洋風なものでした。謎の黒い液体を目玉焼きにかけていて何だろうと思いましたが、あとで醤油だとわかりました。

その時、生まれて初めて日本の米を食べたのですが——いまはもう慣れましたが——口に入れた途端、吐きそうになってしまいました。モチッとして粘っこい。それでいて味がなく、口のなかにずっと残るので気持ち悪くなってしまったのです。少量ずつ口に運び、なんとか完食しました。

当時、今のように海外料理はまだ家庭に普及していない時代でしたから、ほとんど毎日和食でした。味付けも基本的に醤油だから、そこまで味にバリエーションがない。「日本人はよく飽きないな」と感じたものです。まずいイギリス料理を食べたくなる日もありました。

困ったのは食事だけではありません。ホームステイの家から新宿まではバスなのですが、バスの乗車システムが複雑で、新宿に着くまで一苦労。乗車する時にチケットを取り、番号と料金を確認して下車するときに払います。いまもほとんどシステムは変わっていませんが、そんなことは初めてバスを利用する外国人にわかるはずがありません。はじめは、自分が乗ったバスが本当に目的地に向かっているのか心配で仕方なかった。

バスに慣れてくると、流れる美しい声の日本語のアナウンスに癒やされたり、降車ボタンを誰よりも早く押したりするのが毎日の楽しみになりました。

なんとか新宿についても、駅構内はまるで迷路で——私は二十年以上日本に住んでいますが、未だに新宿駅東口から西口に行くのに苦労することがあります——電光掲示板もわかりづらく、何番線の何時の電車に乗れば八王子に行けるのか、まったくわからない。

人に尋ねたくても、先述したように会話はまったくできません。どうしたかというと、紙に日本語で質問を書いて通行人に見せました。ところが、尋ねられた人は私が文章を書けるので当然、日本語も話せるのだろうとしゃべりかけてくる。困り果て、黙って紙とペンを渡して、身振り手振りで書いて教えてほしい意思をなんとか伝えました。

二、三日して、私はスムーズに道を訊く方法を思い付きました。心苦しくはありましたが、耳が不自由なふりをするのです。すると、尋ねた人はちゃんと紙に書いて答えてくれました。私が外国人だからか、ホームまで案内してくれた人も多く、日本人の親切さに触れて感動する毎日でした。帰りも同様で、迷いに迷いながら、なんとかホームステイ先に辿り着きました。

当時は夏で、いまほどではありませんが、大学から帰ってくると暑くて仕方がありません。私が暑そうにしていると、おばあさんが「玄関で涼んでくださいね」と玄関に案内され、おばあさんと奥さんがうちわで扇いでくれました。おまけに、「ビールはいかがですか」とキンキンに冷えたジョッキに注がれたビールと枝豆まで用意してくれました。それから毎日、大学から帰ると、うちわで扇いでもらいながらビールと枝豆が用意され、本当に贅沢な体験でした。枝豆はいまだに好物です。

はじめは真面目に大学に通っていましたが、会話の授業にまったく興味が湧かず、途中からサボるようになりました。

親友のホームステイ先が鉄鋼会社の役員の家で、裕福でした。親友は家の車を自由に使っていいと言われており、その家の娘さん二人と親友の四人で、大学をサボって由比ガ浜のビーチで毎日のように遊んでいたのです。

親友は親の仕事の関係で日本に来たことが何度もあり、日本語が流暢《りゅうちょう》にできたので、娘さんたちとのコミュニケーションには困りませんでした。横浜で待ち合わせ、そこから車で由比ガ浜に向かいます。半日ビーチで遊んだあとは、私の趣味で大仏や鶴岡八幡宮を見に行ったりしました。

鎌倉には山がたくさんあったので、よくハイキングもしました。山にはほとんど人がおらず、日本人はこんなにいい山があるのになぜハイキングをしないのだろうと不思議に思ったものです。

毎日、海の家で店員のおばちゃんと話をしているうちに、少しずつですが、日本語を覚えていきました。

余談ですが、男性の日本語は聞き取りづらかったと記憶しています。一方、女性の日本語は丁寧で、わかりやすく、親切でした。そのため、駅でも何か尋ねる時は男性を避けて、必ず女性に話しかけました。

ホストファミリーの負担を考慮して、ホームステイ先は二週間で代わる決まりになっており、別のお宅にお世話になりました。次のホームステイ先は、横浜にある弁護士のお宅。六本木に弁護士事務所を構えている裕福な家庭でした。横浜にある大きな庭つき一軒家で、畳の部屋は一つしかなく、あとはフローリング。カーペットや椅子の生活で、西洋的な暮らしをしている家庭でした。

そこは旦那さん、奥さん、娘さん二人、息子さんの五人家族。旦那さんはアメリカにいたことがあって英語が流暢だったので、すぐに打ち解けました。奥さんはあまり料理をしない人で、食事はほとんど出前か外食です。

肉料理屋に連れて行ってもらったときは、前の家では魚料理しか出なかったので「やっと肉にありつける」と嬉しかった。そこで初めて和牛をいただきました。当時から神戸牛などの和牛は世界でも高級品とされており、期待していたのですが、初めて口にした時は脂が多く、しつこくてあまり美味しいと思えなかった。美味しいと感じるのは慣れによる部分が大きいと思います。やはり人間は好みがわかるのではなくて、好みを知っているもののの中から選んでいるだけだと思います。

日本に来てもっとも感動した料理はカニしゃぶです。旦那さんにカニしゃぶのお店に連れて行ってもらってごちそうになったのですが、カニにつけるごまだれが絶品。私がえらく感動していたので、後日、今度はしゃぶしゃぶのお店にも連れて行ってもらいました。前に食べた時と違って、お湯にくぐらせることで和牛の余計な脂が落ち、さっぱりと食べられ、これも美味しかった。

大学への通学は前のホームステイ先よりも遠くなり、大変でした。東横線の桜木町から渋谷に出なくてはなりませんが、朝の東横線は通勤ラッシュ。生まれて初めて経験する満員電車にたじろぎました。

満員電車で忘れられない光景があります。私は身長百八十九センチで、電車に乗ると頭が一個抜けており、東横線の車両の一番後ろから先頭まで見通すことができた（いまの日本人は身長が高くなったので、電車に乗ると目線のところに頭が来ます）。

当時は髪を染めていると不良という概念があって、髪を染めている人がほとんどいません。だから車内を見渡すと真っ黒な海に漂っているようで、「すごい景色だな」と印象深かった思い出があります。

ある程度まで日本語が話せるようになったのは、一カ月経った頃でした。ドイツに留学した時は習得するのに二カ月はかかりましたから、それに比べれば早かった。日本語は文章を書くのは大変な言語ですが、簡単なコミュニケーションができるようになるまではわりと早く習得できる、覚えやすい言語のように思います。

英語やドイツ語は文法が複雑で少しでも違っていれば通じないことがありますが、日本語は柔軟で、文法は違っても単語を並べれば通じることが多い。

一緒に留学に来た学生たちも同様、一カ月ほどで話せるようになっていました。

日本に留学してから一カ月が経ち、ほかの学生はイギリスに帰国することになりました。私は初めから日本に残るつもりでしたから、日本で働くか、学校に行くかしてビザを取り直さなくてはならず、私は新宿の語学学校に入学することを決めました。

一度国外に出ないとビザは取れなかった時期もあったようですが（日本に来た外国人がビザを更新したい場合は一度韓国に行き、ビザを取り直していたそうです）、当時は国内で申請が可能になっており、横浜でビザの手続きをすることができたのです。

思い付きで旅に出た

一九八五年八月、オックスフォードの日本留学期間が終わり、新宿の語学学校に通うまでの間、少し時間がありました。親友も一カ月ほど日本に残ったので、旅でもしようという話になった。何か目的があるわけではなく、本当に思い付きで北海道まで行くことになったのです。

ただ、普通に旅をしてもおもしろくない。おカネは極力使わず、移動はヒッチハイク、荷物も最小限。寝泊まりもホテルを使ったらおもしろくないから、寝袋で寝ようとなった。横浜の親友のホームステイ先に前泊し、翌朝、ホストファミリーに家から近くの高速入り口の手前まで送ってもらい、そこからヒッチハイクを始めました。

まずは仙台へ向かいます。大学で戦国時代を学んでいた私は、伊達政宗が築城した仙台城跡を見てみたかったのです。仙台ナンバーを見つけると、ヒッチハイクのポーズをしてアピールするのですが、なかなか止まってくれません。

どうしたものかと考え、あることを思い付きました。私は大学で書道を勉強していたおかげで、普通の外国人よりは字がうまく書けます。「仙台」と紙に大きく書いて掲げながら、ヒッチハイクするのです。

すると、すぐに一台のトラックが止まってくれました。運転手は私たちが外国人ということで、少し警戒していたのでしょうが、漢字が書けることで安心し、乗せてくれたのだと思います。

運転手は退屈していたのか、とてもおしゃべりでした。こちらは二人いるので、私が運転手と会話している間は、親友は景色を見たり、眠ったりして休憩し、私が少し疲れてきたら聞き役を交代して、と交互に休みながら向かいました。

運転手はいい人で、サービスエリアに寄るたびに、コーヒーやジュースを買ってくれたり、お昼時になると昼食をご馳走してくれたりしました。払わせてもらえないことが多かったです。

仙台に着いてからは予定どおり仙台城跡を、そのあとは大崎八幡宮を見て町を散策。夜は仙台城跡のそばにある公園で寝ました。

翌日は宮城・石巻へ。石巻のビーチに到着したのが夜だったため、その日はビーチで就寝。翌日、海水浴をして遊んでいると――外国人が珍しい時代だったからかもしれません――漁をしていた地元の漁師さんが声をかけてきて、地引網漁に参加させてもらいました。

夜、海岸の流木を集めて焚き火をしていると、昼間の漁師たちがその日とれた魚を食べようと言ってくれました。しばらくすると、お酒を持って来る人がいたり、三味線を持って来て歌い始める人がいたりで大宴会に。楽しい夜でした。

翌朝は外国人が来ているという噂を聞きつけたのか、子どもも集まってきて、小学校の校庭でサッカーをしたり、釣り人と仲良くなって、一緒に船で海に出たりして遊びました。

結局、二日間、石巻のビーチに滞在しました。

翌日は松島に行きました。島巡りをしたり、瑞巌寺《ずいがんじ》に行ったりしました。やはり、素晴らしい、いかにも日本的な景色で、感動しました。また次の日は岩手・平泉に移動。歴史の本で熱心に勉強しましたので、どうしても中尊寺《ちゅうそんじ》に行きたかったのです。

中尊寺には能楽堂があり、夜、私たちが行った日にはお能が披露されていました。観客は芝生の上に座って見ています。その光景が、まるで昔にタイムスリップしたかのようで、ここでは古い伝統がまだ生きているのだな、と深く印象に残っています。

その日はたまたまお祭りで、中尊寺周辺は大賑わい。町を歩いていると、「外人さん、外人さん」と声をかけられました。地元住民のグループが外で飲んで盛り上がっていて、「一緒に飲もう」と誘われたのです。断る理由もないので参加すると、町の人たちは「外国人の旅人が一緒に飲んでくれるぞ！」とさらに大盛り上がり。

酔っ払って踊り出す人もおり、東北の人は本当に陽気だなと感じました。

祭りが終わりに近づくと、飲んでいた一人が言いました。

「夜はどうするんだ」

「そこら辺で寝ますよ」

「じゃあ、ウチに泊まっていけ」

すると別の人が、「いや、ウチで泊める」と言い出した。お互いに譲らず、次第に私たちをどっちが泊めるかでケンカになってしまい、さきほどの和気藹々《わきあいあい》とした空気が一変、重苦しいものになってしまったのです。

結局、見ず知らずの人の家に泊まることに。家に着くと、至れり尽くせり。フカフカの布団が用意されていて、朝は起きると朝食や風呂の用意までしてくれていました。

そこから今度は北海道・函館に向かいました。たまたま平泉から青森に行くトラックをヒッチハイクすることができ、青森からフェリーで函館に向かうことができたのです。

北海道はまた本州とは違った文化があり、おもしろかった。三日間、北海道にいましたが、函館からは出ず、五稜郭《ごりょうかく》に行ったり、函館山から夜景を眺めたりと満喫しました。

函館滞在中、人生初の銭湯に寄りました。他人と風呂に入るのは、学生時代、ラグビーをやっていて大勢でシャワーを浴びたことがあったので抵抗はなかったのですが、不思議だったのは皆、タオルを畳んで頭に載せていたことです。あとになって、体を洗ったタオルで湯船を汚さないようにという配慮と知りましたが、その時は「おもしろい風習だなぁ」と思ったものです。

もう一つ印象に残っているのが、彫り物です。当時はまだ、彫り物を入れた人が銭湯に入ることができました。「その筋の人たち」が数人で来ており、お互いに背中を流し合っていた。

外国人の私は怖い人たちということはまったく知らず、桜吹雪など見事な彫り物——濡れると美しさが一層引き立つのです——に見惚れていました。しかも、そういう人たちは体つきがガッシリしているから、かっこいいのです。

彼らは外国の文化や人に興味があるようで、体を洗っていると話しかけてきました。「背中、洗いづらいだろう。俺がやってやるよ」

言われるがままに背中を流してもらったのですが、いま考えれば凄い経験だと思います。風呂から出ると、彼らは私たちに牛乳をご馳走してくれました。

旅は順風満帆、天候にも恵まれ、一度も雨に降られませんでした。ヒッチハイクも二十分以上つかまらないことはなく、一度のヒッチハイクで車三台がいっぺんに止まることもあったほどです。

ところが、帰りは少しだけ苦労しました。

フェリーで青森に戻り、そこから運よく盛岡へ向かうトラックをつかまえて岩手まで戻り、帰りはそこから日本海側のほうを回ろうと考えていました。しかし盛岡の人が、「ヒッチハイクで日本海側を通って横浜に帰るのは大変だよ」と口々に言うので、諦めてまっすぐ横浜に帰ることにしたのです。

早速いつもどおり、行き先を紙に書いてヒッチハイクを始めたのですが、これが全然つかまらない。盛岡の高速の入り口は交通量が少ないのです。

このままでは埒が明かないと考え、高速に入れば交通量が増えて成功率も高まるだろうと歩いて高速に入って行き――いま思えば非常に危険でした――路肩の所でヒッチハイクをしました。

しばらくすると、物凄いスピードで車が近づいてきて、私たちの前に急停車したのです。「なんだ!?」と思って見ると、なんとパトカー。警官が二人乗っており、反対車線から私たちが路肩でヒッチハイクしているのを発見、Uターンしてきたという。

「歩いて高速に入っちゃダメじゃないか。こんな所で何してるんだ」

「すみません。横浜までヒッチハイクで帰ろうとしていたんですか、なかなか車がつかまらなくて……」

事情を説明すると、その警官二人が、次の高速の出口まで連れていってあげようと、パトカーの後ろに乗せてくれました。

「パトカーって何キロくらい出せるんですか」

「けっこう出せるよ」

「警察だから、高速とかでも制限速度に関係なく走れるんですよね」

「うん。ちょっとやってみようか」

そう言って警官は車の上にランプを置くとスピードを上げ、百キロくらいで高速道路を疾走したのです(いまであれば大問題になっているかもしれません)。

高速の入り口に着くと、警官たちは「私たちが車を見つけてあげよう」と自ら私たちの帰りの車を探してくれると言い、通る車を睨むように観察していきます。

運よく、そこに横浜ナンバーのトラックが通りかかりました。

「そこの車、止まりなさい」

運転手は何か違反でもしたのかと、不安だったことでしょう。

「どこへ行くんですか」

「横浜ですけど……」

「この二人を乗せてやってくれないか」

結局、その運転手が横浜まで乗せてくれることになりました。日本の警察は本当に親切だな、と感動したものです。

「運転手さんの都合のいいところで降ろして下さい」と私たちは言っていたのですが、長時間の運転で疲れているにもかかわらず、その人は横浜のホームステイ先まで送ってくれました。

十日間あまりの旅で、一、二回しか風呂に入っていなかったからでしょう。ホームステイ先に戻ると、ホストファミリーに「なんか君たち臭いぞ。早くお風呂に入りなさい」と言われました。

結局、最低限持っていったおカネはほとんど使いませんでした。

食事はほとんど出会った人たちがご馳走してくれたからです。食事は、三十年前のことですからグルメブームの前でいまのように洗練されておらず、東北に行っても北海道に行っても素朴な料理が多かったように思います。

いまでこそコンビニの食べ物は美味しいですが、あの時代はおにぎり一つとっても味はもっとシンプルだったと思います。もちろん、美味しいお店は地方にもあったのでしょうが、まだ学生でカネもない私たちには縁がありませんでした。

旅で困ったのは飲み物です。当時はペットボトルの緑茶がまだ売っていません。調べると、伊藤園が五百ミリリットルのペットボトルのお茶の販売を開始したのは一九九六年で、缶は一九八五年でした。家で簡単に飲めるものを販売したって売れっこないと思われていたのです。自販機やコンビニで売っているのはコーラやサイダーなど甘いジュースしかなく、喉が乾くと公園の水を飲んでしのぎました。

いま、あのヒッチハイクの旅を振り返ると、日本もおおらかな時代だったと思います。見ず知らずの外国人を家に泊めてくれたり、警察官が高速の入り口まで送ってくれたり、いまだったら考えられないようなことばかりです。銭湯に行って彫り物を入れた人たちを見かけることもありません。

旅の途中、お寺の縁側で寝たこともありましたが、朝になると和尚さんが、寝ている私たちに「おはよう」と何事もなかったかのように声をかけてくることもありました。いまはマナーだとかルールだとかうるさいですが、当時はそんなことを気にする人はいなかったように思います。

時間を持て余していた学生の無計画な旅でしたが、あの夏は私にとってかけがえのない思い出です。

日本語学校に通う

ヒッチハイクの旅を終えてから、新宿の日本語学校に通い始めます。日本語はある程度、話せるようにはなっていましたが、当時はいまよりもビザ取得の条件が厳しく、企業に採用されるか学校に通うかしないと長く滞在することができなかったのです。

学校に通い始めて驚いたのは、その融通《ゆうずう》の利《き》かなさです。最初の授業は初歩の初歩からやらされます。英語でいえば「this is a pen」レベルの授業から始まるのです。

私は大学で古文も含めて日本語を勉強していましたし、「こんなレベルの低い授業など受けていられない。もっとレベルの高いクラスにしてほしい」と学校側に申し出たのですが、「日本に来て間もない外国人は初歩からやることになっている」と聞き入れてもらえませんでした。

「外国人と一口に言っても、いろいろなレベルの人が集まっているのに、一律に同じことを教えるなんておかしいのではないか」

そこで初めて日本は融通の利かない国だな、という印象を持ったのです。

「この文法をつかって文章をつくりなさい」だとか「この言葉の類義語を答えなさい」だとか、あまりにレベルの低い授業が続き、サボろうかとも思いましたが、出席率が規定を下回るとビザを取り消されてしまうので、渋々通っていました。

一クラス十人いましたが、大学に行っているのは私くらい。いまでこそ違いますが、三十年前、日本にやってくる外国人の多くはかなり変わった人たちでした。禅を学んでいる人や尺八奏者、京都でお坊さんになりたいという人、侍に憧れて来たという人もおり、この人たちは一体何者なんだろう、と疑問に思ったものです。

「こういう人たちを外国人の一般的なイメージにされてはかなわない」と心配でした。学校は午前中だけだったので、クラスメートとは交流せず、すぐに帰ることにしていました。クラスにはアメリカ人もいたのですが、興味深かったのは、他の国とくらべて彼らは語学を習得するのが相対的に苦手なことです。半年ほど一緒に勉強しましたが、上達が遅かった。オックスフォードにもドイツ語やフランス語を学んでいるアメリカ人学生がいましたが、彼らも語学を習得するのは苦手だった。一方、ヨーロッパやアジアの国の学生は、周囲を異国に囲まれ、外国語が身近だったからかもしれませんが、外国語を習得するペースが相対的に早いことに気付きました。

午後は時間があったので、遊ぶか、バイトをしていました。バイトはオックスフォード卒業生のコミュニティのようなものがあり、そこから紹介してもらいます。先述したように、日本に滞在するのは制限が厳しく、長くいられないことが多かった。日本にいたオックスフォードの先輩たちで帰らざるを得なくなった人が出たあとに、その人がしていた仕事を後輩が引き継ぐのです。

私がよくやったのは英語の家庭教師です。社長の息子や政治家の息子などに英語を教えることが多かった。松下電器や日立など、電機メーカーの勉強会で英語を教えたこともあります。夜、仕事を終えた社員がサークルのように集まり、一、二時間ほど教えます。

英会話の講師はかなり割のいいバイトで、金額は覚えていませんが、一、二時間教えるだけでかなりもらえたと思います。週に二、三日働くだけで、十分生活していけるほどでした。英語なんて、イギリスに行けば六千万人くらい喋ることができるのに、なぜこんなことでこんなにおカネがもらえるのだろうと不思議でした。九〇年代からはかなり給料が減ったそうですが、むべなるかな、と感じました。

ただ、誰かに何かを教えるというのは初めての経験で難しかった。レクチャーする技術、ノウハウなどは誰も教えてくれません。教わるほうは、私がオックスフォードの学生というのを有り難がっていましたが、きちんと私の授業で英語を習得してくれたかどうかはわかりません。

弁護士事務所でバイトしたこともありました。海外のクライアントと英語で交わした契約書に、何か不備や間違いはないかチェックするのです。これも英語の講師同様、割のよい仕事で、二、三時間の作業で一万円以上もらえました。その頃は家賃や生活費を自分で払っていましたが、おカネが余るほどで、イギリスに帰る頃にはかなりおカネが貯まっていました。

語学学校の生徒とはあまり交流しませんでしたが、友達は大勢いました。夜、居酒屋に行くと、近くで飲んでいる人が「一緒に飲もう」と声をかけてくれるのです。

そこで知り合った人の友人を紹介してもらったり、そのまた友人を紹介してもらったりして、どんどん知り合いの輪が広がっていきました。

ある時、明治大学の学生と知り合い、私が高校時代、ラグビーをやっていたことを知ると、「友人が明大ラグビー部にいるから、よかったら一緒にプレーしないか」と誘われました。

当時から明大のラグビー部は有名でしたが、選手を見ていると、極めて紳士的なプレーをしていることに衝撃を受けました。技術だけではなく、ラグビーの美徳と精神も極めていたことに、感動しました。

他にも凄いと思ったスポーツもあります。私は七歳からボクシングをやっていたので、日本のボクシングジムにも入りました。私は身長が高くて同じ階級の選手がおらず、軽量級の選手と練習試合をしたのですが、彼らは小柄でありながら非常に強かった。日本が世界レベルの強さなのもわかります。

ここまでは日本に恋をしていたと思います。楽しいことばかりで、天国のように見える国でしたが、付き合いが深まるに連れて、陰陽の陰の部分が少し見え始めてきました。

当時は地方は別にして、東京近郊でもまだ閉鎖的な空気がありました。外国人というだけで部屋を貸してもらえないことが多く、ホームステイ先を転々としていましたが、年末からは川崎、溝の口のマンションの一室を借りて住み始めました。

前に友人が住んでいた部屋で、大家さんが理解のある人だったこともあり、それを引き継ぐ形で借りることができたのです。ただ、外国人に対する偏見は依然としてあり、近所で何かトラブルがあると、まず私が疑われる。

ある時、近所の子供の自転車が盗まれました。すると、警察が真っ先に私のところに来るのです。

「自転車はどこにあるんだ」

「何のことですか」

「お前が盗んだんだろう」

端《はな》から私が犯人であると決めてかかってくるわけです。同様のことが数回あり、警察が来るたびに「またか……」と辟易《へきえき》しました。いまはそういう考え方はかなりなくなっていますが、当時は身分に関係なく、外国人が住むと治安が悪くなるというイメージがあったのです。

溝の口はJR南武線も東急田園都市線も通っており、横浜に行くにも渋谷に行くにも便利でした。となりの駅のそばに多摩川も流れており、時間がある時には土手をランニングしていました。

いまはかなり発展したようですが、私が住んでいた頃は畑も多く、田舎だった印象があります。私が住み始めた頃、溝の口にマクドナルドが開店し――当時、マックはかなりハイセンスな飲食店でした――私はあまり行きませんでしたが、若者はみなそこで待ち合わせたり、食事したりして賑わっていました。

自分で生活するようになって一番苦労したのは銀行の不便さです。当時、十五時で銀行の営業が終わると、ATMも利用することができませんでした。週末や祝日におカネを下ろせなくて、不便な思いをしたことが何回もあった。

イギリスではATMは基本的に銀行の外の壁に設置されており、営業時間外でも二十四時間利用できますから、日本の銀行の場合、ATMの意味がないのではと疑問でした。日本は世界一治安がいいという割に、なぜ外にATMを置かないのか不思議でした。

近所の人たちとは仲が良く、よく飲みました。いまもあるのかわかりませんが、しょっちゅう通っていたのが、商店街にあった居酒屋、養老乃瀧です。養老乃瀧に行けば、その日来ているお客は全員、初対面だろうがなんだろうがみんな仲間という感じで、夜遅くまで一緒に飲んでいました。メニューに焼き鳥や枝豆など、私の好きな料理も多かったので重宝しました。友達と予定が合わず、一人で過ごすことになってしまった夜などは、養老乃瀧に行けば顔見知りが誰かしらいた。近所の人たちの交流スペースのような感じでした。

六本木にもよく出掛けました。お世話になったホストファミリーの子供たちが同年代だったので、週末になると一緒にドレスアップして六本木で遊ぶのです。アマンドの前で待ち合わせ（当時はここが待ち合わせの定番でした）、ディスコに行って朝まで遊びました。

昔は六本木といえば高級なお店が多く、大人の街といった雰囲気でしたが、いまはチェーン店などが増えて、私が遊んでいた頃の面影はなくなってしまいました。

六本木ヒルズやミッドタウンができたことで、これまで六本木で遊んでいた人たちがそちらに流れ、六本木の街が二極化してしまったように思います。

留学しているうちに、両親が来日しました。三月のことで、到着した翌日に大雪が降りました。二週間の間に、明治神宮、鎌倉、横浜三溪園《さんけいえん》、中華街、群馬、京都、奈良など、あちらこちらに一緒に旅をしました。父は奈良の大仏と鎌倉の大仏に、最も感動したのを覚えています。それに、平安神宮に行った時に、小さい子供が着物姿でお参りしているのを気に入り、小さい子供とずっとしゃべっていたことが記憶に残っています。母は日本庭園が一番好きだったと思います。二人とも、慣れていないので、和食も和室も少し苦手でしたが、旅館の雰囲気とおもてなしには大変感動していました。私としては、初めての親孝行でしたが、それまで両親と向き合うことはなかったので、新鮮でした。特に私がずっと依存していた親が、私に依存しなければならなくなった体験として、忘れられません。

一年間の留学で、日本への理解が深まりました。時間があれば京都や長崎、広島に旅行に行き、日本の文化、歴史を学んだり、茶道や書道の先生と知り合い、習ったりするうちに——先生も外国人に教えるのは初めての経験だったので、張り切って一所懸命教えてくれました——日本という国のおもしろさを知っていったからです。

余談ですが、オックスフォードの留学を終えてからも日本に残った二人の女友達がいたのですが、彼女たちは二、三カ月ですぐに帰ってしまいました。二人ともスタイルがよく、電車に乗ったり、居酒屋で飲んでいると、詳しくは言いませんが、かなり大変な体験をしたようです。

外国人が珍しかったことに加え、まだ男尊女卑の考えが残っていたからかもしれませんが、当時の日本は外国人男性のほうが住みやすい国だったと言われました。

それにしても、まさか自分がこんなに長く日本に住むことになろうとは、その時は想像もしませんでした。

オックスフォードに戻る

日本留学を終えてイギリスに帰ったのは、一九八六年の九月。イギリスの大学は十月から始まるので、それに合わせて帰ったのです。

オックスフォードは基本的に三年制。私は一年休学していたので、戻ってきた時には同期の学生がほとんど卒業していなくなっていました。残っているのは、大学院で学んでいる学生と、医学部の学生（医学部は六年制）などでした。

一、二年生の時はカレッジのなかで生活しますが、三年生になると外で生活することが多い。ただ、条件があり、オックスフォードの中心部にあるカーファクス塔から六マイル（九・七キロ）以内のエリアに住まなくてはならないのです。六マイルより遠くに住む場合は、大学に特別な許可を得る必要があります。

なぜ、そんなルールがあるのか不思議ですが、オックスフォードはもともと教会で、修道院のようなストイックな規律の名残なのかもしれません。

その規定エリアギリギリのところに、十六世紀頃に建てられた石造りの建物がありました。建物は古く、床も歪んでいましたが、非常に大きな建物で、大学に残っていた数少ない友人二人と、友人の仲間四人と私で住むことになりました。

共同生活するメンバーのなかに、大学院で哲学を専攻しているアンドリューという学生がいました。彼は天才的な哲学者で、私は彼から多大な影響を受けました。

オックスフォードの学生にはディベートの文化があり、会話していて何か疑問点があればそれを指摘し、丁丁発止《ちょうちょうはっし》の議論をします。大学の外で生活していても、それは変わりません。みんなで朝ごはんを食べている時でも、突然、ディベートが始まるのです。

アンドリューはロジックの組み立てに厳しい人で、私たちが何か発言するたびにこう言われました。

「君はなぜ、そう思うのか」

「ロジックを分解して、もう一度説明してくれ」

いつもアンドリューが口癖のように言っていたことがあります。

「簡単にそう言うけれど……」

簡単に言うけど、あなたの考え方を突き詰めるとこういう結論になりませんか、というわけです。

だから私たちは発言する前に、「絶対あの部分をツッコまれるから、理論武装しておこう」と考える癖がつきました。

彼は「それはおかしいのではないか」とは言わずに、ソクラテスと同じやり方で「ほかの要因はありませんか」と繰り返し質問することで相手の矛盾、理屈が間違っていることをわからせました。突き詰めて考えるその思考力には舌を巻いたものです。

誰かが何か言うたびに議論が始まるので、食事や休息の時も、常に何とも言えない緊張感がありました。それが一年続くわけです。気が休まる時はほとんどありませんでした。

ただ、当時の私たちは、議論を知的なバトルというか、ゲーム感覚で楽しんでいました。毎日、自分の論理的思考能力を試され、今日はどのように議論が発展するのだろうと、わくわくしていたほどです。

日本にいると、議論において文化の違いを感じます。私は日本で何冊か本を出していますが、読者のなかには一流大学を卒業したにもかかわらず、「あなたは間違っている」と断定して、攻撃してくる人がいます。

オックスフォードにいると、「これは絶対間違っている」「絶対に正しい」と断言することは非常に危険であることを知ります。もし、大した根拠もなしに「絶対」などと決めつけた言い方をしたら、たちどころに論破されてしまうからです。ゆえに徹底的に現象の要因を洗い出し、多面的に検証する癖がついています。

以前もこんなことがありました。私は東洋経済オンラインで連載をしており、そこで日本の一人あたりの生産性は世界二十七位、先進国中最下位であることを指摘すると、読者から次のような反論がありました。

「あなたが算出した一人あたりのGDPは総人口で割っただけ。生産活動をしない高齢者の数を考慮していないから間違っている。日本人の生産性はもっと上である」

このように〝断定〟してきました。

私はゴールドマン・サックスで長年、アナリストをしていましたから、当然、右のような指摘は想定しています。高齢者の割合が多いのは一つの要因でしかなく、それだけをもって世界二十七位という順位が間違っている根拠にはなりません。

たしかに高齢者は生産活動をしないにもかかわらず、国民にカウントされています。しかし一方で、日本は子供の数が少ない。子供も生産活動しないので、少なければ少ないほど一人あたりの生産性が上がる要素となります。日本は失業者が少ないので、他の国にくらべて一人あたりのGDPは押し上げられる。

詳しくは拙著『新・所得倍増論』（東洋経済新報社）をお読みいただきたいのですが、先進国最下位という順位は、失業率や労働人口などあらゆる生産性へのプラス、マイナスの要因を検証した結果なのです。

東洋経済オンラインの読者ですから経済にはそれなりに詳しいはずなのに、かなりの読者が、先述のように断定をしてくるので驚きます。やはり、文化の違いを感じます。

もし読者がアンドリューに同じ反論をぶつけたとしたら、「簡単にそう言うけれども……」と徹底的に論理的な欠陥を突かれていたでしょう。

アンドリューは大学院を出たあと、アメリカの大学で教授をしていましたが、向こうに渡って十年もしないうちに亡くなってしまいました。なぜ亡くなったのか、詳しくは知りません。

さまざまな委員会やシンポジウムに出席すると、短絡的な意見を言う人によく出会いますが、そんな時、ふと「アンドリューがもし、この場にいたらどんな反論をするだろうか」と考えることがあります。

一年間で三年分の勉強を

大学生活に話を戻すと、共同生活していたほとんど全員が卒業試験を控えていました。オックスフォードは単位がなくて、毎週書く論文に対する評価や成績は一切つけず、卒業試験で成績や卒業ができるかどうかを決めるのです。

世界では学期ごとに成績をつけるのが一般的と聞きますが、オックスフォードの方式では、卒業試験ですべてが決まるので失敗ができません。一、二年生の時、それほど勉強熱心でなかった私は、大学三年分の勉強を最後の一年でしなくてはなりませんでした。

試験の範囲はこれまで学んだことすべてなので古文、日本史、経済学、全部最初から学び直し。最後の一年も担当教授との必修科目はありますから、毎週の課題をこなしながら、朝から晩まで勉強をしていました。まさに命懸けの一年でした。

オックスフォードには試験場というのがあります。十九世紀に建てられた立派なもので、イギリスの国会議事堂のような建物でした。服装も毎日正装でした。白い蝶ネクタイに黒いスーツ、黒い学生ガウンに式帽です。毎日、白いカーネーションをボタン穴に挿します。試験は二週間にわたり、一日午前三時間、午後三時間に分けて行われます。おもしろいのが、普通の試験であれば会場に集められて着席したあと、開始の合図がありますが、オックスフォードは少し変わっています。

学生は、まず試験場の大きなロビーに集められます。そこで「経済の試験を受ける方はAの部屋に行ってください」と言われるのですが、それが試験開始の合図なのです。部屋に向かう時間も試験時間にカウントされているので、皆、時間をロスしないよう猛ダッシュで部屋に向かいます。

試験ではどんな問題が出たのか、三十年も前のことであまり覚えていませんが、翻訳や論文が多かったように思います。三時間で二、三本の論文を書くことも多かったので、時間管理も重要になります。試験は手書きなので書き直しはできませんし、大変でした。

論文を書く時は、全体のロジックの構成をメモしておきます。先ほども言ったように、途中で論理的矛盾に気がついても、手書きなのですぐに書き直すことができないからです。数行書いては、矛盾がないか、先入観で書いてはいないかを繰り返しチェック。字数も決まっていないので、時間内にできるだけ書き進めます。

最後の試験だけ、カーネーションを白から真っ赤に換えます。終わったら、友人たちに試験場の玄関階段に集まってもらって、シャンパンを出してもらいます。小麦粉を投げかけたり、シャンパンをかけたりすることもあります。そこからお祝いが始まります。

成績は1、2の上、2の下、3の四つに分けられます（試験の点数は一切教えてくれません）。1は相当優秀な学生だけで、ほとんどの学生は2の上か2の下の成績です。3は落第で、相当出来が悪くなければ3をつけられることはない、と学生の間では言われていました。

アメリカの大学の成績はベル・カーブ（正規分布）で、1は全体の何％、2は何％と成績に定員を設けているようですが、オックスフォードは違います。1の成績で卒業する学生が多い年もあれば、――私の卒業した年は1の学生の数は少なかった――少ない年もある。

ベル・カーブでは、同じ1でも去年と今年では質が違います。学生全体の質が悪ければ、1の質も下がるからです。その点、オックスフォードの成績は相対評価ではないので、就職活動などで企業側も学生の能力をきちんと見極めやすい。私は、オックスフォードの方式が本来の成績のつけ方なのではないかと思います。

卒業試験が終わって二週間ほど経ち、成績が張り出されたので、緊張しながら見に行くと驚きました。

私の成績のところには「Viva」（口頭試問）とだけ書かれていたのです。

「どういうことだ！　まだ試験が続くのか!?」

先生に呼ばれて説明を受けたのですが、1と2の上の中間の成績の学生には口頭試問をして、1にするか2の上にするか決めるということでした。私は1と2の上のボーダーラインの成績に該当してしまったのです。これから口頭試問を行うと言われ、突然のことで何の対策もできませんし、焦りました。

口頭試問の会場は天井が高く、大きなステンドグラスが張り巡らされた荘厳《そうごん》な教会のような部屋でした。入ると先生たちが四、五人、正装して並んでいます。試験が始まると、卒業試験での私の回答、論文についての質問や疑問点を、先生たちが雨あられのように投げかけてくる。

「論文のなかでこの部分がよくわからなかったんだが、詳しく説明してくれないか」

「君は、この文章の邦訳で○○という言葉を使っているが、なぜこの言葉を選んだのか」

「君は、論文のなかで○○の問題に言及していないが、それに関してどう思うか」

ただ知識を暗記しただけでは答えられないような質問で、きちんと学んだことを血肉にしているか見ているのでしょう。質問に素早く、かつ的確に答えなくてはならないうえ、答え終わると、またすぐに別の先生が質問してきますから、ゆっくり考える時間などありません。

しかも、古文に関する質問がきたと思ったら、今度は経済、その次は日本史と、質問される科目の順番もバラバラ。頭をフル回転させながら対処しなければなりません。これが二時間続くのです。

私は質問に答えながら、「卒業試験のほうがまだ楽だったのではないか……」と思ったものです。

口頭試問が終わった時には疲れ果てて、頭のなかは真っ白。しばらく何も考えることができませんでした。

翌日、試験の成績結果が送られてきました。

結果は……「2の上」。

残念ながら1の成績には届きませんでしたが、何はともあれ、親友のお父さんの「珍しい専攻を受験してみたら」の一言がきっかけで入学できた大学、オックスフォードを無事に卒業することができたのです。

第二章　アナリストになり、不良債権問題と遭遇

就職活動と日本企業との出会い

私がオックスフォード大学を卒業する前年の一九八六年、イギリス国内の景気は悪く、学生たちは就職活動に苦労していました。

しかし、私のいた日本学専攻の学生だけは違いました。イギリスとは正反対に、日本は当時、空前の好景気。世界の大企業は日本企業とビジネスするために、日本語の話せる学生を喉から手が出るほど欲していたのです。

日本学専攻の就活生は私を含め、十人くらいしかいません。日本語を話せるイギリス人が国内にほとんどいない時代でしたから、かなりニーズがありました。

通常、オックスフォード大学のような大きな大学の就職活動は、大学の施設やオックスフォードにあるホテルの広い会場を貸し切り、各企業がブースを設けて大規模なフェアのようにして行われます。もちろん、オックスフォードは名門ですから、官庁や国内外の有名企業が集まってきます。学生は各企業のブースを回って説明を聞き、自己アピールしていくのです。

私たちの場合は、逆に企業側がこちらに「来てほしい」とアピールしてくるのです。まるで接待で、企業から一流レストランでの食事に誘われることも多々ありました。社長自ら、説得に来ることもあったほどです。

有名企業から引く手あまただったので、私もその気になってしまいました。ある企業から食事の誘いを受けてレストランに行ったのですが、そこに来たのが役員クラスの人間だったので、不思議に思いました。

「他の会社は、社長自ら来ていましたよ。本気で私を採用する気があるんですか」

また別の日、ある企業から食事に誘われたのですが、指定されたレストランが二流のお店でした。

「その程度のレストランだったら、私は行きません」

若気の至りとはいえ、いま思えば本当に失礼だったと反省しています。

どの企業もとにかく私たちを採りたいので、入社試験はあってないようなもの。ある企業は、入社の筆記試験は名前だけ書いてくれれば通す、またある企業は試験すら受けなくていいと言ってくれたほどです。入社してからも、新入社員は必ず受けなくてはいけない面倒な研修なども全て免除すると言ってくれました。

もちろん、大企業の本社はほとんどロンドンに集中しています。普通の学生は面接を受けるために自費でロンドンに行きますが、私たちの場合はオックスフォードに企業のハイヤーが迎えに来て、ロンドンの面接会場まで運んでくれたりしたのです。

日本の企業から声がかかったこともあります。日本企業の場合は、ヘッドハンティング会社経由で私たちに接触してきました。まだ学生にもかかわらず、私たちはヘッドハンティングの対象だったのです。

イギリス企業と同様、かなりいい条件を提示してくれました。日本企業への就職は考えていませんでしたが、「面接だけでも」とヘッドハンティング会社に迫られ、「別に減るものでもないし、行ってみるか……」と軽い気持ちで受けに行きました。数社の面接を受けましたが、証券会社が多かったように思います。

面接官は当然、皆、お偉方。ほかの欧米企業同様、美辞麗句《びじれいく》を並べて誘ってくるだろうと思っていたら、まったく違っていました。ある大手証券会社の面接官の第一声は忘れられません。

「イギリスの時代は終わっているし、もう白人の時代は終わったんだよ」

飛ぶ鳥を落とす勢いだった日本企業は、かなり有頂天になっていたのでしょう。その後も、面接とは直接関係のない、上から目線の発言を連発し、面接をしているのか、お国自慢をしているのかわからない様子でした。

私は日本に留学した時、嫌な思いをしたことがなく、ましてや差別的な態度をとられたこともなかったので、自分の抱いていた日本人のイメージが崩れ、ショックでした。

一九八九年に、石原慎太郎氏とソニーの盛田昭夫会長の対談本『「NO」と言える日本』がベストセラーになったことが象徴しているように、「日本はもはや欧米に負けない国なんだ」という空気が強くなっていた時代だったから、仕方ないかもしれません。

日本は人口一億人以上の国。様々な人がいるでしょうが、初めてのことでそのショックは大きかったのを、よく覚えています。後日、合否の通知が来たのですが、数社受けた日本企業は見事なまでにすべて不採用。大学の教授に面接でのことを話したら、「そういう人も中にはいるけど、一部に過ぎないよ」と言っていました。

もう一つ、印象に残っている言葉があります。野村證券の面接官から言われた言葉です。

「君には分析能力がない。経済や金融に向いていないよ」

余談ですが数年後、アナリスト時代に野村證券の役員の方々と仲良くなりました。面接のことを話すと彼は、「その時、アトキンソンさんを採用しておけばよかった」とお世辞で言ってくれましたが、私は「経済や金融に向いていない人間ですから……」と冗談まじりに返したものです。

その後も、日本企業から誘いはあったのですが、面接の一件があってからは全て断っていました。

残念ながら、オックスフォード大学で日本学専攻に入ろうとする人は激減しました。私の時代では、十二人の中で、半分は文化に興味を持っている人、残り半分は私のように、日本経済に興味を持っている人でしたが、今は、文化と歴史の学生だけになったと聞きます。長年の日本経済の低迷によって、就活での特別待遇はなくなって、学者になる人がほとんどになったと聞きました。

アンダーセン入社、すぐに退社

私は経済学も学んでいましたが、金融業界に行くつもりはありませんでした。一昔前まで証券業界は、貴族のバカ息子などがコネで入り、親が経営している会社のインサイダー情報を意図的にマーケットに流して投資家の友人たちを儲けさせるというような、非常に下品なイメージがあったのです。当時は、このイメージが少しずつなくなっていく最初の頃でしたので、私には金融に行きたい気持ちはなかったのです。

最終的にはアメリカのコンサルティング会社、アンダーセン・コンサルティング（現アクセンチュア）に入社しました。アンダーセンはかなり熱意を持って誘ってくれて、ロンドン支社の社長だけでなく、ニューヨークの社長がわざわざロンドンまで来てくれました。入社試験や新入社員が必ず受けなくてはいけない面倒な研修などは全部免除し、社長直属の部下にするとまで言ってくれたのです。

当時、学生に人気の高い職業は、一番は国家公務員、二番はコンサルティング会社。コンサルタントはあの時代、クールな職業として羨望の的だったのです。国家公務員になり、外務省に入ることも考えましたが、自分の希望する国に配属される保証はありませんから、それならステータスのあるコンサルティング会社に就職しようと考えたわけです。

これが大失敗でした。

最初の二週間、基礎的なトレーニングを受けたあと、アメリカのシカゴに研修に行きました。生まれて初めてのアメリカでしたが、「この国はなんて閉鎖的な国だろう」と感じたものです。

私の親世代のイギリス人は大英帝国時代を生き、世界に出て行っていた世代。私たちは世界を見てきた大人から教育を受けました。

ところが、会社のアメリカ人の新入社員は海外旅行にも行ったことのない人が多く、まだ世界を知らない人が大多数。半ば鎖国のような状態でした。当たり前のように海外旅行をする欧州人スタッフから見て、同期のアメリカ人スタッフは教養がなく、ものの見方、考え方も偏狭《へんきょう》で幼稚に感じたのです。

一方、日本人は一九八七年当時、トヨタやソニー、東芝など全世界に進出していましたから、アメリカよりも世界を知っている人が多くいたように思います。また、私が知り合った日本企業の当時のトップは剣道やお能、お茶などを嗜《たしな》み、海外文化にも日本文化にも精通している方が多く、その教養に感動しました。

アンダーセンでは、戦略のコンサルティング部門とＩＴのシステムをつくる部門がありました。私には戦略のコンサルの仕事をさせるという話だったし、私もそのつもりだったのですが、なかに入ってみるとまったく違っていたのです。

研修がひと通り終わって何をするのかと思ったら、テレビだと思ったパソコンの前に座らされてコードを書くトレーニングをさせられました。

最初だけかと思っていたら、一カ月、二カ月経ってもコードを書くトレーニングをやらされる。当時、大学は全部手書きでしたし、パソコンはありません。日本経済、古文や歴史を勉強していた自分にとっては、たびたび出てくる専門用語もまったく理解できない。

「フロッピーディスクを入れて、ブートアップ（電源を入れる）してください」

フロッピーディスクが何なのかもわからないし、ブートアップなんて言葉も聞いたことがない。ブート（BOOT）と言ったら蹴るという意味だから、この機械を蹴るのか。こういうことをするなんて聞いていた話と違うし、何でこんなことをしなくてはいけないのか、と怒りを覚えました。

私のように、ある意味、騙されるような形で入社した人は大勢おり、「聞いていた話と違う」と辞める人がかなりいました。入社三日で辞めた人もいました。ただ、会社側も大勢辞めるのを見越して大量に採用していました。実際、企業側が学生に説明したことと実際には異なる業務をさせるのが横行していたようで、数年後、社会問題になりました。

腹が立った私は上司に相談しました。

「最初の話と全然違うじゃないですか！　どういうつもりなんですか！」

上司は困った様子で黙っていた。

「この会社は自分に合わない。タイミングを見計らって辞めてやる」

入社してすぐそう考えるようになりました。

しかし、その直後、ニューヨークで日興証券のコンサルのプロジェクトが立ち上がり、私はニューヨークに派遣されることになりました。当時、日興証券は破竹の勢いで、ニューヨークの南のほうに巨大なオフィスを構えていた。

日興証券のアメリカ進出における戦略のコンサルとITのシステム構築が主なプロジェクトで、その交渉役として私に白羽の矢が立ったのです。

資料など全て日本語で、日興証券側には英語を喋れる人間がいましたが、アンダーセン側には日本語のわかる欧米人が私以外いなかったのです。

東京にもアンダーセンの支社があり、契約交渉は東京支社を介して行われます。私もしょっちゅう東京に行きました。東京支社は日本人スタッフがほとんど。そこで、日興証券と日本人スタッフのやりとりを見ていて驚愕しました。

日興証券が「こんな条件ではうちは呑まないよ」と突っぱねると、「わかりました。変更します」と日本人スタッフは日興証券に有利なように契約内容を勝手に変えてしまうのです。

おカネの話にしても、「本社は三十四億円と言っていますが、三十億円くらいまで値切っても平気ですよ」と、こちらの手の内をほとんど日興証券側に見せているのです。社長にそのことを報告すると、「なんでそんな馬鹿なことをやっているんだ！」と憤慨していました。

日本語のわかる者がいなかったので、私がチェックを入れるまで、東京支社による――アメリカ側からすれば〝裏切り行為〟――が行われていることは知らなかった。当時、日本人スタッフは良く言えばお客さんの味方、悪く言えば日本に忠実で、会社には忠実ではなかったと思います。

入社してすぐに、この会社は合わないと感じていましたが、ニューヨークに派遣されてからは待遇が良くなり、モチベーションも上がっていきました。社長直属の部下として動いていたため、一緒に仕事をするのは社長や役員クラス。

バブル全盛時代の日興証券とのビジネスですから、おカネは使い放題。社長と一緒に移動するので飛行機は基本的にファーストクラス、空港に着けばハイヤーが出迎えてくれる。ニューヨークにアパートを借りましたが、その家賃も会社持ちでした。メイドの給料も出してもらって、帰省旅費や税金までも払ってもらいました。

当時のニューヨークは東京の真逆でした。経済状況が悪く、失業者が多かったのです。街も衰退して、地下鉄も落書きだらけで、危ないことで有名でした。電車内は冷暖房がありましたが、駅にはないので、真夏は電車が来る直前までホームに降りられない状態でした。五番街にしても、道が汚くて、衰退している印象が確かに強かったです。セントラルパークも日が暮れたら危険だとか、どこそこより北は行かない方がいいと言われていました。

対照的に、東京は空前の好景気でした。日本航空に乗ることは世界のステータスで、日本のホテルも海外より新しく、サービスが充実していました。食事も美味しく、新幹線、地下鉄、新しいビル、毎日のように上がる日経平均という時代でした。秋葉原などに行くと、世界をびっくりさせる新商品が続々と販売されていて、それを買ってニューヨークに持って帰り、皆を驚かせる。海外のテレビ番組や書店では、日本経済、日本文化や社会、日本人の思想、発想などの紹介で独占されていたほどで、日本についてのドキュメンタリーも多く放映されていたため、一般社会でも日本を話題にすることが多かったのです。

ニューヨークに派遣されてから二年余りが経った八九年の暮れ、突然、日興証券のプロジェクトは白紙になりました。日本のバブルがはじけ始めたのです。東京でもほかの日本企業のプロジェクトがまだあったのですが、それもバブル崩壊の影響ですべて白紙。

好景気だった日本企業とのビジネスがなくなったことで、これまでの待遇も一変。社内から私への特別待遇を疑問視する声もあがるようになりました。同期の社員たちがパソコンの前でコードを書いている時に、ファーストクラスで社長と行動をともにしているのですから当然かもしれません。そろそろ潮時かと思い、いい上司や仲間に恵まれてはいたのですが、辞めることを真剣に考え始めました。

コンサルティング会社で三年間働いて、私なりの解釈では、コンサルはあまり〝中身がない仕事〟のように思えました。

たとえば、営業マンとして三年間働けば、それなりに現場のスキルも知識も身につきますが、コンサルをやっていても何も身につきません。お客さんにプレゼンするのは先輩で、私は横で見ているだけですが、彼らはお客さんのところに行って話を聞き、その業界でビジネスの経験をしたことがないから、基礎から勉強して提案をします。

「戦略を考える時、さまざまな種類があって……」

「プランニングというのは……」

かっこいい言葉を並べただけで、中身はないように感じていました。

昨日は保険会社、今日はカード会社、明日は銀行とさまざまな業種を相手にしているので専門知識も身につかないし、クライアントの実務も知らない。

日興証券のプロジェクトの時も、上司は証券会社がどういうものなのかすらわかっていなかった。だからプレゼンする前に、株式や債券に関する本を買って、株はどう売買されているのか、どう決済されるのかを一から勉強していました。私はそれを横から見ていて、自分の勉強のためにお客さんからおカネをとるなんておかしい、と思ったものです。何の実務のスキルも専門性もないからでしょうか。コンサルにいた人間は転職が難しい。

私の場合は運良く、真剣に転職を考え始めた九〇年六月、ソロモン・ブラザーズから引き抜きの話がありました。日本語が話せて金融もわかる人材を探していたようで、面接を受けた日に採用が決まりました。

私は何の迷いもなく、その足で会社に戻り、上司に辞めることを伝えたのです。

ソロモン・ブラザーズに引き抜かれる

転職のキッカケは、オックスフォード大学の同期で、同じ日本学専攻の友人でした。私が一年休学していたため、友人は先に大学を卒業し、ソロモン・ブラザーズに入社していたのです。

ソロモンでは一カ月間、新入社員をホテルに缶詰めにし、研修を行います。研修は非常に厳しいもので、トレーダーなどが経済について講義したり、金融商品の基礎知識を教えたりして、翌日はテスト。点数が悪いとその場で首を切られてしまう。

ところが、友人はソロモンに入社したにもかかわらず、経済の知識がほとんどない。当時、ソロモンは能力のない人間は研修で切ればいい、と新卒を大量に採用していました。

アメリカであれば大学を出たあと、ビジネススクールに通うので、経済の知識は身につけていますが、イギリスにはまだそれほどビジネススクールに通う習慣がありませんでした。

焦った友人は、経済が得意な私に、毎晩ホテルに来て、その日の講義の内容を復習してほしいと頼んできたのです。友人は語学には長けていましたが、経済の知識のなさには驚きました。金利はなぜつくのか、どのように決まるのかなど経済の基礎すら知らず、「ここまで知らないのは、逆にすごいな」と思ったほどです。毎晩、経済学の基本を夜遅くまで教えました。

結局、友人は研修のすべてのテストをパスし、無事、ソロモンに残ることができました。自分でいうのもなんですが、私がいなければ彼は研修で残れなかったと思います。友人は四年ほどソロモンにおり、それなりに成功していました。経済オンチだった友人は、次第に経済知識を身に付けて出世していました。日本株の営業マンとして、かなりの成績を上げていたのです。

私が東京に赴任している九〇年、ちょうど友人も東京支店に配属されており、彼から電話があったのです。

「いま、うちの会社で金融アナリストを募集しているんだ。君は経済が得意だったろう。面接だけでも受けてみないか」

八〇年代後半、ソロモンは野村證券や大和証券から有名なトレーダーや営業マンを引き抜いていたこともあり、日本の金融界においては、外資系証券のなかでトップでした。

ただ、バブル時代は、どんな株も買えば儲かりますから、経済の素養のない名ばかりのアナリストやトレーダーが増えてしまった。ソロモンや、のちに働くことになるゴールドマン・サックスもそうですが、どちらも基本的には有名大学出身者しか採用しない会社規定がありました。日本でいえば東大、京大、早稲田、慶應のレベルでしょう。ソロモンのロンドン支店に行くと、皆、オックスフォードやケンブリッジ出身――最低でもロンドン大学出身――の社員でした。

ところが、当時の東京支店の外国人スタッフは聞いたこともないような大学出身の人ばかり。元は坐禅をするために来日していた、新聞記者、英語の先生など。日本語は話せるけれど読み書きができないとか、話していても言っていることがチンプンカンプンという人も多かった。

彼らは日経新聞に書いてあることをアシスタントに翻訳させて、それを海外の投資家に伝えているだけで仕事が成立していた。そんないい加減な仕事でも、バブル時代であれば問題にならなかったのです。ところが、バブル崩壊で状況が一変。これからはソロモンの規定にあるとおり、有名大学出身のきちんとした人材を採用しようとシフトした。そこで友人は、私に電話をかけてきたのでした。

優秀な人材を紹介すると、友人は会社から数十万円の紹介料をもらえるということだったので、「じゃあそのカネを折半して、飲みに行こう」と軽い気持ちで面接を受けに行ったのです。

いざ、面接が始まると、担当者がどんどん興奮していくのがわかりました。

「日本語を読める、書ける、話せる。そのうえ、経済もわかる。われわれが求める理想の人材がいた！」

途中から支店長まで出て来て、面接に参加するほどでした。

彼ら証券マンは、目的達成のためなら手段を選びません。いきなり私のその当時の給料の三倍の額を提示し、猛アタックしてきました。

友人も面接の場におり、面接だけなら紹介料は数十万円ですが、入社すれば百万円単位でもらえたので「入れ！　入れ！」と奨めてくる。

先述したように、私は入社してすぐ、アンダーセンに対して不満を持つようになってお り、バブル崩壊でこれまでの手厚い待遇も変わり、そろそろ潮時かなとも思っていたので、ソロモンに転職することを決めました。

あとからわかったことですが、給料の三倍といっても彼らからしたら安いもので、アナリストについているアシスタントよりも下の給料でした。普通の会社と証券会社の給料の差は、それくらい大きかったのです。

転職が決まったら、数カ月間ニューヨークに戻って、ニューヨーク支店の銀行アナリストチームの下で修業をすることになりました。ニューヨーク支店の銀行アナリストは、毎年のアナリストランキングで、十年間にもわたり連続一位でした。これは過酷な修業でした。毎日のようにレポートを出して、アナリストたちと一緒に会社訪問に行ったり、お客さんと打ち合わせをしたりしました。アメリカ南部の銀行の担当も任されてレポートを書きました。そのチームのスタイルはとにかくレポートを出し、徹底的に数字を分析するものでした。厳しい修業を終えた私は、東京に戻ることになります。

いきなりトップアナリストに

東京支店で働くことになれば、東京で暮らさなければなりません。私は東京に赴任という形で来ていたので、家具などはほとんどイギリスに置いたままでしたが、ソロモンは気前が良く、引っ越し代やイギリスへ帰国するための飛行機代など、すべて出してくれた。

「どうせなら家具も新調すれば？　イギリスで買ったほうが安いでしょう。みんな、船便で日本に送ればいい。予算出すから、全部使ってよ」

借りたマンションの家賃なども負担してくれ、至れり尽くせりでした。

東京支店はほとんどが日本人で、外国人はあまりいません。日本人アナリストの一部は、良く言えば新聞記者のような感じで、企業に行ってヒアリングして、それをそのままお客さんに報告しているだけ。分析になっていないのです。あの当時は分析をすることが評価されず、とにかく情報集めが主流でした。インサイダーの概念が希薄で、企業側もいまだったら絶対に口外してはいけないような情報を平気で教えてくれました。

「今期は四季報の数字の二倍くらいの業績が出るよ」

会社に戻ってそのことを伝えると、みんな「その会社の株を買えー！」と飛びつく。だから、分析能力も何も必要ありませんでした。企業戦略分析、業界の分析などをしている人は数人くらいしかいない。私と一緒に入った外国人は、日本が好きだからという理由だけで入社したらしく、仕事はいい加減でした。

私は運よく、入社してすぐ注目を集めるレポートを出すことができました。

一九八九年五月から一九九一年の六月まで、短期金利が上がったことで、銀行の利ザヤが悪化して、ほとんどの銀行は本業の利益を示す業務純益が実質的に赤字になり、銀行株も大きく下がっていました。傾向として、他の銀行アナリストは株が上がりだしてから買い推奨を出し、下がりだしてからは様子を見て、だいたい下がりきってから売り推奨を出す。簡単に言えば、分析していないので、推奨した銘柄は大体逆の動きとなり、アナリストの予想は外れていたのです。

そこを私は、銀行株を分析していくなかで、金利は下がると予想されていたので、利ザヤが拡大すると気がついたのです。利ザヤが拡大すれば、銀行株は反対に儲かるのだから、私は買い推奨を出しました。

利ザヤが反転する理屈とプロセスをさまざまなデータから徹底分析し、お客さんに銀行株を勧めていきました。

私の分析に説得力があったかどうかはわかりませんが、海外の投資家は皆、銀行株を買ってくれました。みんな買うから、その株は上がります。少し大げさに言えば、株が反転したというより、私が反転すると予測して株を買わせたことで反転させた、とも言えます。そうして、入社してすぐに利益をあげていきました。

日本経済新聞で毎年、投資家が投票して決めるアナリストランキングが発表されます。いまは部門別になっていますが、昔は総合のランキングで、アナリストたちはこのランキングを非常に気にしていました。

ランキングで上位に来れば、それだけ投資家からの仕事も舞い込んでくるからです。部門別のランキングはなくても、自分が所属している業界部門で他のアナリストより高くなっていれば、注目が集まりました。

これまで銀行アナリストで、ずっとトップだった野村證券のアナリストがいましたが、私は二年目でその人を抜き、トップになりました。総合でも二十位以内には入っていたと思います。二年しかアナリストをやっていない二十七歳。調子に乗っていたと思います。

なぜ、銀行アナリストのなかでトップになることができたのか。私には二つ、ポリシーがありました。

まず、「株価を当てること」。私は銀行アナリストたるもの、株価の動きが当たらなければ意味がないと考えていました。いつまで経っても当たらない経済予測をしているアナリスト、エコノミストが現在もいますが――誰とはいいません――そういう存在には絶対になりたくなかった。

二つ目は「きちんと分析すること」。

私を指導してくれたニューヨークの上司（伝説のアナリスト、トム・ハンリー氏です）は非常に厳しかった。上司に「こういうふうになると思います」と感覚で説明してもダメで、データや根拠、その結論に至るまでのプロセスをレポートにして提出しなくてはなりませんでした。この上司のもとで、かなり分析力が鍛えられた。東京の調査部長も元はニューヨーク債券部門の有名なアナリストでした。債券部門は金利の予想が大事なので、当然、彼は銀行や金融市場に極めて詳しく、私の分析にかなりの興味を示し、レポートのチェックをかなり厳しくやってもらいました。そのチェックによって私の分析レベルは飛躍的に上がり、大変な成長期だったと思います。

経済担当のエコノミストはロバート・フェルドマン氏でした。本当に素晴らしい経歴の方で、フェルドマンさんにもたくさん教わりました。特に、金融アナリストにとって経済学と金融の分野は表裏一体の関係なので、毎日話し合って、分析のヒント、チェックをいただきながら、仕事をしていました。

これまでは、そういうふうに計算機を叩いて、根拠を示して説明する人間がいなかったからでしょうが、ほかのアナリストからは、「あいつは日本市場を何もわかっちゃいない」「入ったばかりの新人が偉そうに……」「何が分析だ、企業と親しくなればいいだろう」「東京はニューヨークとは違う」などと反感も買いました。

これは、いまの日本についても同じことが言えると思います。私は著書『新・観光立国論』『新・所得倍増論』（ともに東洋経済新報社）などで、高度経済成長は戦後復興と人口増による影響が大きく、日本の生産性は先進国中最下位であることを指摘しました。ところが年配の方だと、高度経済成長や日本人の労働を神話化してしまって、データを示しているにもかかわらず、なかなか耳を傾けてくれません。「データじゃない」「海外と一緒にするな」と言われます。

私は本を書く時、国連や世界銀行が公表しているデータや大学の論文も使って国内外の分析をしています。海外の論文を確認することによって、その知識を借りろだけでなく、国内の仮説と海外で検証されているデータを照らし合わせて見れば、その仮説の裏付けもできます。それに加えて、より深い分析も可能になります。国連などのデータは公表されているので、誰でもできることなのです。それなのに、なぜか誰もやろうとしない。

当時、日本人アナリストは大学の先輩、後輩など企業にコネのある人間が大勢いました。それだけ豊富な情報源があれば、質のいい分析ができるはずです。なのに、噂話や「次の人事はこう変わる。私だけが知っていますよ」というような情報オタクの傾向が強く、真面目に分析をしない人が多い。私はむしろそれをチャンスと感じていました。私は、他のアナリストが鵜呑《うの》みにする情報に根拠があるかどうかまでも分析していきました。

日本人の投資家と仕事するうえで、苦労したというか、難しかったのは、「思い込み」や「外国人に対する拒否反応」があり、なかなか私個人の分析を見てくれなかったことです。自分でいうのもなんですが、学歴やスキルなど、客観的に見て、他の人間より私はアナリストとして能力が低いと思いません。海外では、著名な投資家であっても、私が新人だろうがなんだろうが、私の分析が正しいと判断すれば信頼してくれます。だから、海外のお客さんからは非常に需要がありました。

一方、日本人の投資家は逆です。分析したことを一所懸命説明しても、「まだ入って間もないのに何を言っている」「そんな計算機を叩いただけで、外国人の君に日本の株の動きがわかるはずがない」などと言って、全く私の分析を見てくれなかった。

きちんと説明しているのに理解してくれないことが、非常にストレスでした。これがもし、私が日本人であれば、まったく違う反応なのだろうと思ったものです。

私には、彼らが日本経済を、ある種の神秘的な宗教と捉えているように思えました。

だからこそ、私はきちんと分析して株価を当てる必要がありました。分析が当たることで、海外投資家が動く。海外投資家が動くことで、私を信頼していない日本人の投資家も無視できなくなるからです。

ソロモン時代を振り返ると、失敗すれば次の日には首を切られるシビアな世界でした。もしクビと決まれば、その社員は会社にいることが許されず、そのまま連れ出される。人によっては会社やお客様のお金を動かすことができてしまうからです。会社に置いてある荷物は、後日、会社が宅配便で自宅に送ってくれます。そのため、人の入れ替わりも激しかった。

一方、結果を出していれば何をしても許されるので、非常に自由でおもしろい会社でした。

注目された不良債権レポート

ソロモン・ブラザーズには二年半ほどしかいませんでしたが、レポートをマメに出していました。調査部のレポートのだいたい半分くらいは私が出していたものでした。ニューヨークの上司にとにかく書けと催促されます。

レポートを出す理由は明確でした。まず初めに自分の理屈を並べて、データをもってそれを証明しないといけません。それをしていないと、その理屈の弱点や矛盾点に意外と気づきません。また、レポートでデータを出すと、理屈との整合性を改めて確認しないといけないので、たまに、理屈とは正反対のデータ分析結果が出たりします。人間の頭は、やはり思い込みが激しいものだと思います。だから、レポートを書いて、その思い込みを徹底的に排除することに大きな価値があります。もう一つの意味は市場の反応を見ることです。

そのなかで、私が出したレポートが次第に注目されるようになりました。

私が最初に注目されたのは、大手銀行の株の含み益激減のレポートです。当時、日本の銀行の最大の価値は、持ち合い制度で持っている企業の株の含み益でした。それも自己資本比率規制（ＢＩＳ規制）の計算に組み込まれ、各銀行の資本の大半を構成していました。しかし、銀行の情報開示は非常に少なかったのです。情報開示がないなかで、私は各銀行が保有している株の含み益は日経平均がいくらになればなくなるという分岐点をフェルドマン氏と一緒に計算してレポートにまとめたのです。

当時の銀行からは、「実態をバラすな」「余計なことをするな」「迷惑をかけるな」と責められました。しかし、分析するのはアナリストの仕事ですし、バラすなと言われても……と困惑しました。

その次に注目されたのが、不良債権のレポートでした。日本の銀行史ではバブルの崩壊は九二年とされていますが、一九八九年の初めから地価が下がり出し、八九年末に株価がピークを打って、一九九〇年から株価も下がっていきました。海外では、日本もバブルの崩壊は一九八九年末だったと認識されています。あの当時、大損を抱え、土地を担保に融資を受けていた企業の返済が滞っており、不良債権はかならず増えているはずだ、と私は考えていました。日本の不動産市場の下落分を計算し、それに対する不動産向け融資を見て、なおかつ融資した時期も勘案して計算したら、「不良債権の総額がおよそ二十兆円」という予測ができたのです。バブル崩壊後の銀行の問題を包括的に分析した初めてのレポートで、これをキッカケに「不良債権問題」という言葉が世間に定着しました。ただ、レポートを出した当初は、海外の顧客は反応してくれたものの、日本ではほとんど話題になりませんでした。

私は、銀行にとって耳の痛いことであってもレポートに書きました。

不良債権のレポートを出すと、銀行の幹部からたびたび呼び出されました。

「われわれが言っていることをそのまま書け！　銀行の素晴らしさを伝えて投資家に株を買わせるのが君の仕事だろう！」

信じ難い言葉ですが、ことほど左様に日本の銀行アナリストは、銀行の言い分を投資家に伝えることしかしてこなかったのです。

私が「そうは思いません」と答えると、こう返されました。

「君がどう思うかはどうでもいい！」

先述したように、当時のアナリストは、取材も数字の分析もろくにしていませんでした。たとえば九〇年当時、リニアモーターカーが山梨で開発されているから「山梨中央銀行を買おう！　と推奨されていました。数字の根拠がほとんどないにもかかわらず、「かならず山梨は発展するはずだ！」と山梨中央銀行の株を買っていた。いわゆる「オハナシ」推奨です。ところが、リニア新幹線はいまだに開業していません。あの時に勧められて買った人はどう思っているでしょうか。

私が薫陶《くんとう》をうけたニューヨークの上司の下では、そういった類のレポートは絶対に許されないし、書きたいとも思わない。しっかりした分析をやれ、と毎日言われていました。

野村證券や大和証券など日系の証券会社は、外資系よりも銀行との結びつきが強く、なかなか事実は書けませんから、ヨイショして買い推奨ばかり出していた。もし私が日系証券会社にいたら、すぐに干されていたでしょう。外資系だったから余計なプレッシャーをかけられないで済みました。

三菱銀行との因縁のはじまり

バブル期の日本の銀行は、世界の時価総額のトップ業種でした。おまけに、護送船団方式で政府と一体となってわが世の春を謳歌《おうか》していました。日系の機関投資家の多くも、表向き「外国人の視点があれば指摘してください」と言うのですが、本音は逆で、不都合な事実は聞きたくありません。私が核心を衝《つ》く指摘をすると、「事実であっても、不良債権の実態を誰も言わなければ株価は下がらないから書くな」と言われた。

しかし、機関投資家は年金など、個人のお金の運用を任されています。事実を隠しても、結局、銀行も投資家も不幸になるだけです。何を言われようが、事実を突きつけなければならないというのが私の考えでした。

私のような二十代の外国人アナリストに経営上の課題を指摘されるのが受け入れがたいという気持ちは、わからないでもありません。だからこそ、それを打ち破るために、徹底的に分析して具体的な事実、数字を提示していきました。

私のレポートは銀行からは批判される一方、やはり海外の投資家には非常に好評でした。

あれは忘れもしない、不良債権のレポートを出した翌年、九二年四月のことです。年末に出したレポートは、出した時は日本では話題になりませんでしたが、海外の投資家はすぐに反応し、日本の銀行株を売り始めたので株価が下落、日経平均も一万四千円台まで下がりました。

マスコミは、その原因の犯人探しに躍起になっており、私が槍玉に挙げられたのです。

〈低迷を続ける東京株式相場の中で、銀行株の下落がひときわ大きくなってきた。（中略）市場関係者によると、銀行株の先行き不安が高まった背景にはソロモン・ブラザーズのリポートがある。

これは同社東京支店のD・アトキンソン氏らが執筆した『金融業の株価動向』。発表は三月九日だが、三月末から四月にかけて銀行、証券会社に幅広く出回った〉（「日経金融新聞」一九九二年四月八日）

右の記事が掲載された日、私は三和銀行の行員と飲みに出かけていました。三、四軒飲み歩いて、タクシーで家に帰ってきたのは翌日の朝四時。仕事だったので、二時間だけ仮眠をとり、当時住んでいた代々木上原から千代田線で、オフィスのある大手町に向かいました。

前日、無理したせいでまだ半分酔っ払ったような状態です。座席に腰を下ろし、ふと前に立っている男性の読んでいた新聞の一面を見て、目が覚めました。

日経金融新聞の一面に、前年出した不良債権のレポートが、私の顔写真付きで紹介されていたのです。

〈同氏（＝筆者）は都銀、長信銀、信託銀行二十一行の不良債権の総額を九一年度末までに貸出残高の約六％に当たる二十兆円になると推計、最悪の場合、五十九兆円に達する恐れがあると大蔵省の法人企業統計などを使って試算。これは昨年十二月にリポートとしてまとめている〉（「日経金融新聞」一九九二年四月九日）

オフィスにつくと、大騒ぎになっていました。私のレポートが紹介されたことで、銀行株の売りが殺到し、株価が下がり始めていたのです。

オフィスには銀行の幹部からの抗議の電話が相次ぎました。

「こんなレポートを出してどういうつもりだ！　ふざけるな！」

「早く訂正を出せ！」

「ソロモンは出入り禁止にするぞ」

ほとんど脅しに近い電話もあり、日本の銀行マンは非常に温厚だと思っていましたが、怒らせるとこんなに豹変《ひょうへん》するのかと驚きました。銀行を監督していた大蔵省（現金融庁）からも、説明を求める電話がかかってきました。抗議の電話は鳴り止まず、オフィスの電話はすべて塞がってしまうほどでした。

私のレポートは、不良債権が二十兆円に上ると計算しただけではありません。世界の前例から学んで、迅速にきちんと不良債権を処理すれば被害はそれほど大きくならない、と助言もきちんと書いていました。

ところが、銀行幹部は対処するどころか、レポートを批判してきたのです。

「レポートの推計の根拠や定義に曖昧な部分があるし、業界で二十兆円も不良債権があるとは思えない」

これまでずっと高度経済成長を続けてきたからでしょう、こんな楽観的なことを言う銀行幹部もいました。

「いまは地価が下がっているが、またすぐに上がるさ。そのうち日本経済がアメリカを抜いて一位になる」

「日本人は百代かけてでも借金を返してくれる民族だから心配はいらない」

銀行側は強気でしたが、都心のほうでは九割も地価が下がっていたところもありました。

「九割下がっている地価を元に戻すのは簡単ではありませんよ」と反論するのですが、なかなか理解してくれません。銀行の幹部といえば、エリートで教養がある人です。そういった人がこういうことを言うのは不思議でなりませんでした。

当時、もっとも強気だったのが三菱銀行（現三菱ＵＦＪ銀行）です。

「うちは財閥のなかで一番保守的で、真面目。不良債権などという問題はない」

「三菱銀行は世界一審査の厳しいニューヨーク証券取引所にも上場している。不良債権などあるわけがない」

当時、都市銀行上位六行のなかで、三菱銀行は一番下の六番手。「不良債権は大きな銀行だけの問題。三菱銀行はいちばん小さいのでクリーンだ」とも言っていました。

一番下といっても、上位六行の規模は皆それほど変わりませんから、一つの銀行だけクリーンというのは理屈が合いません。私は三菱銀行の言っていることはおかしいと批判し続けました（ゴールドマン・サックスに移籍してからも、三菱銀行との対立関係は続きました）。

三菱銀行は三和銀行と合併する最後の最後まで、不良債権の問題を認めていません。

結局、私の指摘したような迅速な不良債権の処理はされませんでした。日銀が九二年の四月に不良債権の総額を試算しましたが、記憶では二十一行で七、八千億円。私の試算よりもはるかに少ない過少な試算だったのです。

当時は不良債権の情報開示の義務がなく、銀行側もデータや統計をとっていないので、銀行自身も不良債権の深刻さに気がついていなかったのかもしれません。私も分析する際、さまざまなデータを参考にしますが、銀行側が公表している詳細なデータというのはまだありませんでした。きちんとしたデータや統計がないために問題を認識できないというのは、現在も変わっていないように思います。

のちに私のレポートが正しかったことがわかるわけですが、当時は冷静に議論できるような雰囲気ではなく、銀行もメディアも冷静さを欠いていました。そのため、こんな陰謀説も流布されました。

「アメリカ政府がソロモン・ブラザーズを使って、日本経済を陥れようとしている」

そんなことはありえないわけですが、本気で信じる人も少なからずおり、会社に脅迫めいたFAXが送られてきて、会社の周辺を右翼の街宣車が走り回るようになりました。会社から「しばらく避難してほしい」と言われた私は、スーツケースに荷物をまとめて日本を離れ、およそ一カ月、海外の顧客回りをしていました。

ゴールドマン・サックスに転職

九二年の暮れ、転機が訪れます。

九一年に、元トレーダーのポール・モーザー氏が、米国債入札で顧客の名義を無断使用した問題を皮切りに、様々なスキャンダルが発覚。ソロモンはどんどんおかしくなっていきます。

そのスキャンダルによって一緒に働いていたアナリストたちは会社に見切りをつけて、一人、また一人と辞めていきました。

ソロモンはそもそも、債券の取り扱いを主としていた会社です。銀行と債券は切っても切れない関係ですから、銀行との関係が非常に強い会社でした。周りの銀行アナリストは見切りをつけて、次から次へと辞めていきましたが、私としては身の振り方に悩んでいました。

そんなある日、一本の電話がオフィスにかかってきました。電話はゴールドマン・サックスの人間からで、私をゴールドマンに引き抜きたいとのこと。

しかし、私はゴールドマン・サックスという会社の名前はおろか、存在すら知りませんでした。当時、ゴールドマン・サックスは世界第二位の投資銀行でしたが、日本のマーケットにそこまで力を入れていなかったので存在感がなく、知名度もあまりなかったのです。それに、世界的に見れば投資銀行の業界はまだ小さく、大きい会社でも社員は四千、五千人程度でした。

「ニューヨークから私に電話してきているんですか」

「いや、東京支店からだ」

（東京に支店があるほどの会社なのか……）

「あなたにどうしても会いたいのだが」

私としては、そんな知らない会社から勧誘されても……と困惑しましたが、話を聞くだけ聞いてみようと、調査部長と会うことになりました。

当時、ゴールドマン・サックスは全日空ホテルそばのアークヒルズにオフィスがあり、そこに来てほしいと言われました。

「あのアークヒルズにオフィスがあるのか……」

アークヒルズはいわくつきのビルで、当時はバブルの終わり頃で、日本のマーケットでなかなか成功しない外資系が多かったためか、証券マンの間では、昔からアークヒルズに入居した会社は栄えないという噂があったのです。

「この会社、大丈夫だろうか」

どんどん不信感が募《つの》っていきました。

調査部長に会うと、驚きました。本当に私を引き抜こうとしているのか疑いたくなるほど、横柄な態度だったのです。

「うちは世界で二位の会社だ」

「君もうちで働きたいだろう？」

「望むなら面接してあげますよ」

あまりにも上から目線なので、「いったい、何様のつもりなのか」と思ったほどです。

「ゴールドマン・サックスは東京のマーケットをこう考えている」と長々と語られましたが、日本では存在感のない会社に、どう考えているかを言われても違和感を覚えるだけで、その日の面談ではまったく話が噛み合いませんでした。

ソロモン・ブラザーズは、日本ではトップクラスの投資銀行。そこの銀行担当のトップだった私は、一応、業界内では名が通っていたと思います。

名のあるアナリストが存在感のない会社に行くのは非常にリスキーです。ネームバリューのある会社、たとえば野村證券であれば、転職して一からのスタートになったとしても、会社が長年積み上げてきた人脈を利用し、著名な機関投資家や顧客などとつながることができます。人材も揃っているので非常にやりやすい。

ところが存在感のない会社では、売るものがないのでそういったパイプが細く、売るものもアメリカ株の情報程度しかなかったのです。日本では立場が弱いはずなのに、調査部長からはソロモン・ブラザーズと変わらない待遇を提示され、「なぜこんなに強気なのか」と思いつつ、迷うところではありました。そうこうしているうちに、ソロモンで一緒に働いていた友人がゴールドマン・サックスに転職。「友人が行くなら……」と私も移ることを考えることにしました。

ただ、入社までが非常に面倒くさかった。面接のためにニューヨークに行かねばならず、しかも誰であっても二十回以上、面接を受ける決まりになっていたのです。面接官は、その都度変わるし、訊かれることもバラバラなので大変でした。一応、日本のマーケットでトップアナリストだった私は、若くて生意気だったこともあり、存在感のない会社に転職してあげよう（?）くらいの気持ちでした。しかし、ゴールドマン・サックスは「面接してやろう」という態度で、うちに来てくれと頼まれているのに、なぜこちらが頭を下げなければならないのか、と思うような不思議な面接でした。

東京のゴールドマン・サックスには有名アナリストがいなかったので、他の会社のアナリストたちにも声を掛けていました。私と同様、「有名人がいない会社には行きたくない」「有名人が一人でも行けば自分も行こう」と考えている人が大勢いました。誰かが行けば他も動きますが、最初に誰かが行かないと誰も来ない。私がゴールドマン・サックスに転職したあと、見計らっていたかのように他のアナリストたちも転職してきました。

ゴールドマン・サックスに転職して驚いたのは、スタッフの質の低さです。世界第二位という看板はありますが、働いている人は二流と言わざるを得ませんでした。

東京支店には英語堪能な日本人が大勢働いていましたが、その大半は経済や金融の素養がなく、奥さんが外国人だとか海外に長くいたとかいうだけの人がほとんど。

ソロモン・ブラザーズは、ビジネスのできない人は必要ないというシビアな考えでしたが、ゴールドマン・サックスの人たちは、ビジネスなど一度もしたことがないのではないか、という人ばかりだったのです。

西洋かぶれだったり、日本に対して否定的だったり、東京アメリカンクラブのメンバーだとか、海外の有名大学を卒業したとか、そういうことを自慢し合っている。なかには、ハーフでもないのに名字と名前の間に「George」とか「Henry」とか英語名を入れて名刺を刷っている人もいました（ソロモン時代から、こういうタイプの人間が大の苦手でした）。

彼らは、海外のお客さんと流暢《りゅうちょう》にコミュニケーションをとることができます。しかし、中身は「日本の説明」で、日本の特徴、経済の動向、政治の基本、文化、社会などを外国人に説明することが多かった。

なぜ、世界第二位の会社がそんなお粗末な状態に陥ったか。理由は二つあります。

一つは、東京支店はバブル時代に急いで社員を集めたこと。そのため業績は上がらず、本社から東京支店に送られて来る人は本社で左遷されたような人が多かった。いい人材がいないので、いい人材を集める能力がなく、人材不足が加速するという悪循環が生まれていたのです。

もう一つは、ゴールドマン・サックスのアメリカ人の役員が「英語堪能な日本人＝優秀、有能、頭がいい。逆に、話せない人は能力がない」と思い込んでいたこと。これは、まだ英語を話せる日本人が珍しかった頃の名残《なごり》でしょう。

しかし、私がソロモン・ブラザーズにいる時から、英語は流暢だけれど仕事ができない日本人を山ほど見てきました。「英語が話せれば話せるほど、日本人はビジネスができないのではないか」と感じたほどです。

アメリカからゴールドマン・サックスの最高経営責任者ジョン・コーザイン氏が来日した際に話をする機会があり、「英語堪能な日本人がみな優秀というわけではありませんよ。もっと成績を見ないといけません」と言うと――きっと私の話を聞き入れてくれたのでしょう――その後、徐々に英語だけが堪能な日本人スタッフは減っていきました。

これは「日本語堪能な外国人」にも言えることです。これは当時の、あくまで私の経験則ですが、日本語の話せる外国人もビジネス能力のない人が多かった。東京支店にいた外国人アナリストは、とりあえず日本語を話せるだけで採用されていたので、元新聞記者とか、英語教師をしていたとか、ニューヨークなどであればアナリストとして雇わなかったような人ばかりでした。

しかも、ゴールドマンのスタッフは仕事が雑なわりにプライドが高い。私が書いたレポートを日本語訳にしてくれと頼んでも、日本語訳がメチャクチャだったり、印刷して出すのが遅かったりしました。ちゃんとやってくれと注意しても、「自分たちは世界第二位の会社で働いている」というプライドがあるからか聞く耳を持たず、改めてくれないのです。

ニューヨーク支店やロンドン支店は非常に業績がよかったのですが、東京支店の業績はそれほどでもなく、当時、本社は東京支店の改革を行おうとしていました。

ゴールドマン・サックスは、新しい人間を入れることに非常に慎重な会社で、中途採用はほとんどしていません。私やほかのアナリストを中途採用したのは、改革の下準備でした。日本語のできる優秀な人材をこれから自分たちで育てるには、かなりの時間がかかるからです。

私は調査部長から、能力がないスタッフは本社の優秀な人材と入れ替えてしまって構わないと言われていました。プロ意識があまりにも希薄なスタッフには、スキルアップしてもらうか辞めてもらうかを迫り、向上心がないと判断したスタッフは皆、本社の優秀な人間に入れ替えました。

一年間、そういった人事の入れ替えをしていくうちにきちんとした人材が揃い、業績は回復していきました。

有名大学で日本語を勉強した人が入社するようになったのは、私が入社した前後からです。それまでは長年、日本にいただけという人がほとんどで、学歴のある人や本国で通用するような能力のある人はあまりいませんでした。そのため東京支社のなかで外国人スタッフは、日本人スタッフから「ルーズ」「いい加減」だというふうに見られていました。

私がゴールドマン・サックスに入った時も、同じように日本人スタッフから「どうせ、ほかの外国人と一緒で、いい加減なやつなんだろう」という目で見られましたが、当時の日本にいる外国人の多くを見れば仕方がなかったのかもしれません。

「外国人＝いい加減」という偏見は、現在も日本の一部で根強く残っているように思います。とくに、バブル期に外国人と仕事をしていた人たちはその偏見が強い。

私が講演や著書などで「高度経済成長は人口増が主な要因の一つ」「日本人の生産性はいま先進国で最下位まで低下した」などと言うと、決まってバブル世代が「いい加減な外国人に日本のことがわかるはずはない」などと言ってくる。

自分で言うのもなんですが、一応、オックスフォード大学を出て、競争の激しいゴールドマン・サックスで役員までやった人間に対して、「あなたは外国人だからいい加減でしょう」と決めつけられてしまうのは悲しい話です。

日本人が「本国で優秀と評価されている外国人」を知らないままに、そういう固定観念で外国人を見てしまうのは本当に残念だと思いますが、仕方がない面もあります。

買取機構批判で銀行とさらに対立

同じ外資系でも、ゴールドマン・サックスに入ってみると、ソロモンとの文化の違いには戸惑いもありました。

ソロモン時代、私は毎日、レポートを書いていました。ゴールドマン・サックスに入社してからも毎日レポートを書いて、提出すると上司からこう言われたのです。

「レポートは月に一回、短いものを出してくれれば大丈夫だ」

レポートを書くと自分の頭のなかの整理にもなりますし、顧客のためにもなる。月一回でいいわけがありません。後日、そのことを言おうと調査部長を呼び出したのですが、指定した時間になっても来ない。結局、すっぽかされてしまいました。

東京支店では、アナリストより調査部長のほうが立場は上だと見られていました。だから、アナリストが調査部長を呼び出すというのは本来、あり得なかったことのようです。

調査部長は下の者に呼び出され、何様のつもりだと思って来なかったのでしょう。

しかしソロモン時代、調査部長はコスト部門で、有力アナリストは会社の収益に直接貢献していますから、立場はアナリストのほうが上でした。余談ですが、のちに「調査部長を呼び出すアナリストがいるらしい」と、社内で私のことが話題になりました。

結局、この調査部長も、社内改革で入れ替えられてしまいました。

ソロモン・ブラザーズ時代に不良債権問題を指摘して銀行との対立が始まった私ですが、ゴールドマン・サックスに転職してからも、それはますます強くなりました。

日本の金融業界では当時、不良債権問題の認識がそれほど深刻ではなく、すぐに回復すると見られていました。

「オイルショックのあとも、プラザ合意のあとも、経済はいっとき落ち込むが、すぐに回復したじゃないか」

銀行は大変な成長をずっと維持してきた日本経済の勢いを信じ、まさかここで何十年も成長が止まると全く考えていなかったのです。

同時に、不良債権問題を浅い傷だと考えており、私が銀行のやり方を批判すると、「お前が批判することで傷が深くなる」という。隠しておけば、国民が気づかないから回復をする。反対に、国民にばれたら経済成長が止まる、という理屈です。

私はこう反論しました。

「銀行は浅い傷と思っているかもしれないけれど、この傷は手術が必要なほど深い傷です。早く処置しなければ、問題は大きくなる」

一時は皇居の土地だけでカリフォルニアすべての土地が買えるほど地価が暴騰しましたが、場所によっては九割も下がっていました。「すぐ回復する」とはまた十倍上がることを意味しており、それは現実的に難しいのでは、と私は見ていました。

予想どおり、銀行が誤魔化している間に、不良債権問題がどんどんと拡大。それを解決するため、都市銀行、地方銀行など百六十二の民間金融機関が集まり、「共同債権買取機構」なる会社を設立しました。これは金融機関から不良債権を買い取り、金融機関は不良債権を減らして、経営の健全化を図るというものです。

アメリカで不良債権問題が起きた際、ＲＴＣ（整理信託公社）という第三者機構をつくって不良債権を買い取ったことで、問題を解決しました。それをモデルにできたのが買取機構だったのです。

買取機構は日本版ＲＴＣと呼ばれ、大きな期待が寄せられていました。その期待感から株価は上昇、マスコミでも絶賛の嵐。私も最初は「これで日本経済は少し持ち直すかもしれない」と思いました。しかし、買取機構の実態を分析していくと、その期待はすぐに崩れていきました。買取機構のシステムには大きな穴があったのです。

アメリカのＲＴＣは、買い取った不良債権の担保不動産を売ったりして、きちんとその不良債権を回収しました。ところが、日本の買取機構は不良債権を買い取るだけで、その担保不動産をそのまま放置し、何もしなかったのです。

しかも不良債権の買取資金は、持ち込んだ金融機関が出すことになっていました。これでは帳簿上、償却したに過ぎず、実体経済で行われた取引と無関係で、ただの会計マジックでした。つまり臭いものに蓋《ふた》をしただけで、何も根本的に解決していないのです。

買取機構の発案者たちはアメリカに視察に行き、きちんとRTCのシステムを学んできたはずですが、なぜこんな根本的なミスをしているのか、疑問でした。しかしあとになって、「アメリカと一緒ですよ」と言いながらも――欠陥を知ったうえで――骨抜きにしたRTCでゴマかそうとしていたことがわかりました。

私は買取機構を「中身がない」と批判しました。

「買取機構で、不良債権は根本的に解決されるようなことが言われていますが、それは間違いです」

案の定、銀行からはバッシングの嵐です。

「せっかくうまくいっているのに、なぜ潰そうとするんだ！」

「お前のレポートで、みんなが買取機構で不良債権は解決するという物語を信じなくなったらどうする！」

これらの批判を聞いて、銀行の上層部は、買取機構の実態がその場凌《しの》ぎ、時間稼ぎでしかないことを知っていたのだと確信しました。

マスコミの一部も気がついてはいたのでしょうが、おそらく買取機構で経済がまた復活するという〝神話〟を「信じたい気持ち」があったのだと思います。しかし、ほとんどのマスコミは中身を見ないで、表面的にアメリカの政策と一緒だから、とそのまま鵜呑《うの》みにして絶賛していました。

日本経済のことを思って分析したにもかかわらず、周りから私は反日扱いされて、ショックでした。

買取機構の説明会に行くと、やはりこれで問題は解決されるようなことを言っている。私が手を挙げて「根本的な解決になっていない」と反論しても、「解決します」の一点張り。〝神話〟を本当に信じているようで、議論になりませんでした。

当時は不良債権問題に関して、貸した責任よりも借りた責任のほうが重い、という考え方が根強い時代でした。銀行は貸し出し責任を否定し、借りたほうがとにかく返すべきで、貸した銀行が損することは絶対に許さない、というものです。しかしバブル時代に、銀行は自分たちの貸し出し量を増やす競争のため、取引先に無理やり借りさせたこともありました。

私は不良債権問題を分析していくうちに、「借りた側に一方的に責任があると考えるのは、おかしいのではないか」と疑問を持ち始めます。

もちろん、借りた側の責任もあるでしょう。しかし当時はカネ余り状態で、必ずしも借り手が必要としていないのに、銀行側が「土地は絶対に上がりますから」と無理やり貸した例もあるわけですから、私は「借りる側も貸す側も、どちらに責任があるということはない。両方に責任がある」と書きました。

これも例によって大バッシングに遭います。ある銀行からは、「あなたを出入り禁止にする」とお達しが来たこともありました。

しかし、すぐに取り消されました。「出入り禁止にしたら、いままで以上に言いたい放題になってしまうのではないか。とりあえず、彼の話を聞くポーズだけはとっておこう」とでも考えたのでしょう。

興味深かったのは、外資系に勤めている人も含めて、国内の日本人アナリストのほとんどが銀行擁護に回ったことです。私が何かを書くと、銀行側は国内のアナリストに情報を流して反論するように仕向けるのです。

そのために、日本人アナリスト vs. 外国人アナリストというような様相を呈しました。「日本人アナリストはどこまで銀行を擁護するのだろう……」と恐ろしくなったほどです。

なぜ、日本人アナリストは銀行を擁護したのか。国内の大手証券会社に銀行との結びつきが強いこともありますが、一番大きな理由は顧客のほとんどが自国の株を運用している国内機関投資家だからです。私のように、銀行の実態を明らかにして株価に影響が出ると困るわけです。だから、銀行の言うことをそのまま右から左に流しているだけのアナリストが多かった。

一方、外資系の顧客は多くが海外の機関投資家で、必ずしも日本国内の株を買う必要がありません。「避けたほうがローリスクならそっちを選ぶ」というスタンスで、冷静に私の話を聞いてくれました。銀行に対して厳しいことを書くのは私くらいで、分析も的中していましたから、私の海外のお客さんからの信頼は絶大でした。

著書出版で銀行の「時間稼ぎ」を批判

厳しいことを書くほど、マスコミは私に注目しました。私が何か書くと銀行は大バッシングをするので、それが面白かったのでしょう。特に日経新聞には、私の分析が頻繁に載っていました。

日経は両論併記のスタンスで、銀行側の言い分だけではなく、私の記事もよく載せてくれました。私も日経を信頼し、ほかの新聞から書いてほしいと依頼があっても、それほど書かなかったほどです。

日経も私を特別扱いしてくれて、「経済教室」というさまざまな人が経済批評をするシリーズの執筆陣に加えてくれました。「経済教室」の執筆は、基本的に大学教授だとか、経済学者で、アナリストには書かせません。顧客との利害関係があるからです。私は外国人ということで、特別に執筆陣に入れてもらえたようです。

九四年、日経から本の執筆の話がきます。

「不良債権に関する本を書きませんか」

不良債権問題とは何か、どのように対処すればよいかということをもっと広く知ってほしいと考えていた私は二つ返事でOKしましたが、本の執筆は思っていたよりも大変でした。私はレポートを書く際、まず英語で書き、それをスタッフに日本語に訳してもらっていました。本の場合、かなりボリュームがあるので、いちいち翻訳していたら時間がかかってしまうということで、初めから日本語で執筆することになったのです。

当時は、まだいまのように日本語入力ソフトも充実していませんから、原稿用紙に手書きです。忙しいなかでの執筆だったので、毎日、時間を見つけては書きました。初めから日本語で書いてもやはり時間がかかり、原稿を書くだけで半年以上を要しました。

こうして苦労して書き上げた初の著書『銀行――不良債権からの脱却』は二万部近く売れ、金融関係者の間では話題となりました。

一九九四年、一時は八％もあった金利が下がり始めます。銀行は金利を払わない不良債権の増加で、入ってくるカネが少なくなる一方、高金利のため預金者への支払いが多く、苦しい状況でした。たとえば、預金金利が五％になるとゼロ収入の不良債権の保有コストが五％となり、他の健全な貸出債権の収益を食いつぶしていましたが、金利が下がり始めたことで負担が軽減していったのです。

しかし同時に、不良債権問題への危機感も薄れていってしまいました。預金者への支払いが減れば、不良債権を持ちながら回復を待っていてもそれほどダメージに感じません。だから、時間稼ぎとしか思えないような対応ばかりして、抜本的な解決策を打ち出そうとしませんでした。時間が経過するのを待ち、さらに金利が下がるのを待っていたのでしょう。銀行が不良債権問題を抜本解決しなければそれだけ経済に打撃を与え、金利が下がります。金利が下がると、皮肉にもさらに問題を解決しようというインセンティブが働かなくなり、悪循環的なモラルハザードが生じました。その時間稼ぎの象徴が、共同債権買取機構でした。

このままではいけない、と著書を書いたのです。私はこう主張しました。

「まず、土地を動かすことが大事。そのために銀行は不良債権の債権放棄をしなくてはいけない」

たとえば、ある不動産会社が銀行から百億円の融資を受け、百億円の土地を買ったとします。その後、地価が値下がりし、十億円まで下がってしまった。苦しいなか、なんとか新しい土地開発を行って営業利益を上げたとしても、値下がり分の九十億円の穴を埋めなくてはならず、利益は全部、銀行のものになってしまいます。

いくら利益を上げても、右から左へと銀行に吸い上げられてしまうわけです。これでは銀行のために仕事をしているようなもの。こういう状況下では、不動産会社に新たな土地開発などに取り組むモチベーションが起きず、ゾンビ企業となります。

バブルがあまりにも大きかった分、不良債権となった企業が抱えていた借金、含み損も大きく、どんなに頑張っても簡単に返せる金額ではないため、不動産業と建設業はまともに稼働しません。先に示したように、銀行にも「貸した責任」があるわけです。銀行は協力してくれないのに、企業側が全額返済すれば銀行の責任はすべて消えてしまう――借り手企業からすると、あまりに都合がいい話に見える。それを解決するには債権放棄が必要です。

当然、銀行は債権放棄に反対です。多少専門的な話ですが、この問題は根が深いので、もう少しお付き合いください。

不動産会社は不動産を買うために、銀行から土地を担保（担保不動産）にカネを借ります。バブルが弾けて、地価が下がった担保不動産は銀行の決算短信（四半期ごとの決算発表の内容をまとめたもの）には載りませんが、それには大変な含み損（時価が、取得した価格を下回っているときの損失）が隠れています。

買取機構に不動産担保つき債権を買い取ってもらうと、銀行が貸出債権を償却することができる。しかし、償却されても、あくまで銀行の決算短信上の処理なので、実体経済には影響がありません。たとえば、銀行の債権が十億まで償却されても不動産会社の借金は百億のまま、その担保不動産も動かされず、そのままです。つまり、銀行の不動産担保つき債権を買取機構に移しただけで、抜本的解決になっていないのです。

おカネを借りている不動産会社はどうすることもできません。不動産を再評価（土地評価損、あるいは土地評価益を貸借対照表に計上すること）すれば、九十億の損失が計上されることになりますから、倒産の危機に陥ります。仮に不動産を十億で売っても、その十億を銀行に返済した後に九十億という莫大な借金が残るだけです。これでは不動産業界、建築業界は稼働せず、日本経済は閉塞状態に陥る。しかし、先述のように銀行は、金利が低くなればなるほど、不良債権を持つことの負担は軽くなります。極論すれば、担保不動産の地価が戻るまで百年でも黙って待っていればいいのです。だからこの問題の本質は、銀行の決算短信の処理といったごまかしではなく、銀行が不動産会社に残っている九十億を債権放棄して、九十億の返済義務を放棄することが重要でした。つまり「バブルの根本だった土地を、借金の形から解放させることだ」と本で訴えました。そういった議論がされていないなかで、そこまで本質を追求するのにはかなり時間がかかりました。

なぜ、いまだに解決できないのか

銀行が動かないままでは土地の流動性は生まれず、経済が硬直化してしまいます。いつも「われわれはお国のために頑張っているんだ」と言っていた銀行が、実は「お国を食い物にしている」ことに気づき、驚きました。低金利は、銀行の不良債権の保有コストをただ単に預金者に押し付けているだけです。

自己の利益しか頭にない銀行のために日本経済全体が犠牲になっているわりですから、いつまでもこんなことを続けていていいはずがありません。

私は銀行が債権を放棄し、担保不動産を処分して、健全な新しい所有者に売れば、経済がまた復活すると考えていましたが、この本質的な解決を銀行がしないならば政府が主導して強制すべきだ、とも主張しました。

ただ、銀行がとっていた方針は非常に合理的とも言えました。当時の制度のなかで債権を放棄すれば、担保不動産が処分されて新しく取得した人が得をする。最終的な処理なので、銀行は回収権利を放棄しなくてはなりませんから、その十億が二十億になって、さらに十億を回収できるオプションとして残したい気持ちは理解できます。銀行が悪いのではなくて、制度が悪いのです。だから銀行に期待できない分、政府しかこの問題の解決ができないことがわかりました。

初めての著書は、金融業界で非常に大きな反響を引き起こしました。予想どおり、銀行側からは批判の嵐。

多かったのは、「債権放棄なんてしたら、銀行は倒産する！」という批判でした。これは言いわけに過ぎません。当時、バブルが崩壊したといっても、銀行の業務純益は史上最高水準。銀行は日本で一番儲かっている商売で、債権放棄しても持ち堪えるだけの体力はあった。むしろ、債権放棄して土地を動かすことで地価が回復すれば、銀行、ひいては日本経済にとってプラスになる。

もう一つ、印象的な批判がありました。

「日本人の歴史のなかに、借金を棒引きするような文化はない！　何百代にわたろうが、最後まで借金を返すのが日本人だ」

私は、オックスフォード大学の日本学専攻。日本史にはそれなりに知識があり、かつて「徳政令《とくせいれい》」という法令があったことを知っていました。

徳政令とは、鎌倉末期から室町時代、朝廷や幕府が売買・質入れ・貸借などに伴う債権・債務の契約破棄を命じた法令です。これは借金の棒引きですから、「では、徳政令はどうなのですか」と反論すると、その人は「しまった！」と慌てた顔をしていました。

不良債権問題を振り返ると、いま現在の日本も同じようなことを繰り返しているのではないか、と感じます。

たとえば、日本人は海外の制度を勉強してそれを導入しても、表面的なことに目を奪われて「本質」部分を導入しないことが多々あります。

先ほどの買取機構がいい例でしょう。アメリカはＲＴＣ（整理信託公社）という第三者機関をつくって不良債権を買い取ったことで、不良債権問題から脱却しました。しかし、その機構をつくることが解決のカギなのではなく、ＲＴＣが買い取った土地を処分したからなのですが、日本はＲＴＣの体裁だけを真似してしまった。買取機構は不良債権を買い取っただけで帳簿上、償却したに過ぎず、担保不動産を処分せず、実体経済には何の影響も及ぼさなかったのです。

マスコミは「ＲＴＣと一緒だから、これでアメリカ同様に回復する」と主張していましたが、回復のカギの肝心なところだけは骨抜きにされていました。楽観主義なのか、ただ単に分析能力がないのか、もしくは意図的に国民、政府を騙していたか……このうちのどれかですが、答えは未だに分かりません。

最近、流行りの社外取締役制度もそうでしょう。アメリカ経済の調子がいい。アメリカの企業は社外取締役制度を導入している。ならば、日本にも導入すれば企業が元気になるだろうと近年、日本の企業でも導入するところが増えています。

社外取締役制度の是非は別にして、日本とアメリカでは目指すべき経済の状況が違います。アメリカは社会保障がなく、人口も倍以上多いし、継続的に増えています。その増加は経済成長の半分を占めています。

アメリカの企業に働いていた者として言えるのは、あの社外取締役制度はないよりはあったほうがいいと思いますが、それはアメリカの経済成長を実現するためのたくさんの道具の一つに過ぎず、アメリカの経済は生産性向上という大きな目標があったからこそ成長しているので、社外取締役制度があるからではない、ということです。

日本企業の場合は、経済成長と生産性向上の目標がないまま、体裁だけを真似しても意味があまりないのではないでしょうか。長年見ていると、日本の海外比較、海外の分析は非常に浅いと思います。パーツだけを見て、その裏にあるインセンティブと目的を見ていないことが多い。

不良債権の本質を見極めることができなかったのは、論理的な思考が苦手なことと無関係ではないと思います。やはり、非建設的な議論が多かった。理解に苦しむ約十年間でしたし、ある意味で無駄な時間でした。

「西洋人にとっては不良債権に見えるだけの話だ。何の問題もない」などと言われたこともありました。

たとえば、数字やデータなどを示さないで不良債権の議論をすると、銀行はこう批判してくるのです。

「数字、データがないから、君の言っていることは根拠薄弱だ」

ところが次回、きちんとデータや数字を示して説明すると、

「日本の底力は数字やデータに置き換えることはできないんだよ」

私が不思議なのは、日本人はシンプルアンサーを好む割には、実際にシンプルな答えを提示すると受け入れられないことです。これは私の持論ですが、突き詰めて分析していくと、導かれる答えは意外にシンプルなものが多い。不良債権問題でも、突き詰めると解決策は「銀行が債権放棄をして担保不動産を処分するしかない」という結論に至りました。ところが銀行側は、「そんな単純な話ではないだろう」と言うわけです。

近年の生産性向上の議論でも同じで、私は明快な解決策を示しています。

「生産性向上のためには経営者の意識を改革させなくてはいけない。生産性向上を意識すれば、そのために何をすべきかわかるはず。生産性向上にコミットしていないままで、形だけの解決策をとっても無駄。生産性向上に悪影響を与えている古いやり方を続ける経営者を株主も徹底的に監視し、批判しなくてはいけない」

ところが、右の主張はなかなか受け入れてもらえません。

「具体策が示されていない」

「そんなことで変われば苦労しない」

「日本の経営者は利益度外視で高品質低価格を実現しているんだ。外国人にその理念がわ

かるはずがない」

いまは批判する人も多いですが、近い将来、必ず受け入れられると思います。

日本の特徴はこういったレベルの低い批判を「一流大学」を卒業し、「一流企業」に就職した人から受けていたことです。

この三十年間、日本人は散々激論して、動きたくないがために徹底的に反論し、ある時、「じゃあ、やってみよう」とやるとドラスティックに変わる、というのを繰り返しています。労働者の質が高いだけに、すぐに成果が出るのです。そして、「やっぱり日本は凄い！」と自画自賛をする、このサイクルを繰り返しているように思います。

しかも、変わる前のことをすぐに忘れてしまう。昨日まで不良債権問題で私を強烈に批判していた人が、「ほれ、俺が何年も前から言ったとおりだろう」という顔をしているのです。昨日まで尊王攘夷、今から和魂洋才と同じでしょうか。

こんな例は枚挙《まいきょ》に遑《いとま》がありません。

本を出版し、ますます強くなる銀行からのバッシングによって、私のこれまでの日本人観は壊れていきます。大学時代に初めて日本を訪れて十年近くになろうとしていましたが、真っ赤な嘘を、しかも組織的につく銀行マンはショックでした。

私の意見は批判されても構わないのですが、驚いたのは、私の人格を否定するようなことまで平気で言ってくることです。

イギリスでは、ある人の意見を否定しても問題ないのですが、人格を否定するようなことは言うのはルール違反です。私は反日外国人のような言われ方をされましたが、そもそも日本が嫌いなら、来日して仕事などしないでしょう。

レベルの低い人が人格否定的なことを言うのならば、まだわかります。しかし、そういうことを言うのは銀行の頭取とか、大手生命保険会社の資金運用部の部長とか、やはり一般的に見ればエリートと言われる人たちでした。

彼らは好景気を過ごしてきたので、日本の一流大学に加え、海外の一流大学に留学したり、国際交流したりしている世代で、外国人との接し方も知っているはず。そんなエリートたちが、平然と人格攻撃してくることに違和感を覚えました。

しかもそういう人に限って、論理的にありえないようなことを言います。たとえば先述したように、土地の値段が九割下がっていたとしても、何の根拠もなしに「すぐに戻りますよ」と言っていました。

たとえば三割下がって、十年くらいで元の価格に戻るというのならまだわかりますが、九割下がっているものを「日本は凄い国だからすぐ戻る」と言われても、誰が信じるでしょうか。

「この人たちは電卓を使ったことがあるのだろうか。精神論、民族論によって地価は操作できるものなのか」

そんなふうに思ったものです。

彼らは私だけでなく、会社までも攻撃してきました。ニューヨーク本社の社長が来日した時、社長を脅すのです。

「アトキンソンのクビを切らないと、おたくの会社とは取引しない！」

この不良債権問題はどんどん大きくなることがわかっていましたから、ゴールドマン・サックスは、この件をきちんと分析できる人間がいなくなるのは会社としてマイナスだと考え、私のクビを切ることはしませんでした。

社長だけでなく、上司などにもいろいろとプレッシャーをかけていたと、あとから聞きました。時代のせいもあるかもしれませんが、とにかく銀行のエリートは偉そうだった。銀行に呼び出されると、私が若いというのもありますが、私の上司でもないのに「アトキンソン」と呼び捨てにされることも多々ありました。それだけ上から目線だったのです。

バブルが崩壊しつつある時でこれだけ偉そうなのだから、バブル絶頂期はもっと凄かったのでしょう。私が不良債権について書くと、銀行の現場の行員は称賛してくれて、不良債権の金額をリークしてくれることがけっこうありました。市井《しせい》の人のほうが物事をよく見ているのです。

これらの経験は、私が「エリートの言うことは鵜呑みにできない」と考える原点になりました。私の著作を読んでいただければわかりますが、どちらかといえば「反エリート、労働者の味方」という内容が多いのは、そのためです。

あの頃は、何か書くたびにバッシングされることに加え、これまでの日本人像が崩壊したことがショックで、かなり精神的に参ってしまいました。耐えられたのは、私がまだ若かったからでしょう。

ただ、銀行からの批判は凄まじい一方で、賛同してくれる方も大勢いました。出版後、メディアの取材や講演の依頼が相次ぎました。

第三章　生命の危険まで感じた銀行との戦い

三菱銀行の屁理屈

一九九六年、「住専国会」が開かれて世間を騒がせます。住専とは、住宅金融専門会社の略。一九七〇年代に大蔵省が主導して、金融機関が共同出資し、個人向け住宅ローンを取り扱う住宅金融を設立したのです。

それまで、銀行は会社など大口融資が主で、個人向け融資をしたいとは思っていても、小口融資は手間やコストがかかるからあまり積極的ではありませんでした。住専を設立することで、個人におカネを回せるようにしたわけです。

ところがバブルが崩壊し、地価が暴落。これまで融資してきた金額の約半分、およそ六兆四千億円の含み損があると推定されました。バブル崩壊直後は、「二、三年でまた地価は回復する、それまで待とう」という意見が多かったのですが、九五年には「もうこれは良くならないのではないか」という空気になってきた。

そこで、農協系の協同住宅ローン以外（協同住宅ローンは農協関係の人にだけ融資していたので、バブル崩壊の悪影響をそれほど受けなかった）の住専の最終処理をするためのプロジェクトチームが九五年に組まれ、翌九六年に「住専国会」が開かれたのです。

当時、私は山本幸三議員に声をかけてもらい、住専に関する委員会などに参加させてもらっていました。

山本議員と出会ったのは九四年、私が『銀行――不良債権からの脱却』を出版した直後でした。山本議員は、東京大学経済学部卒の大蔵官僚出身。経済知識が深く、私の本を読んでいたく感動したそうで、直接、連絡をくださったのです。それが縁で、その後、意見交換をしたり、いろいろな委員会に呼んでいただいたりするようになりました。山本議員は、マクロ経済のことをきちんと理解されている数少ない国会議員の一人だと思います。

私はあの本で、バブルの規模と地価の暴落幅からして、銀行が含み損に対して、引当金を積んで回復を待つのではいつまで経っても経済はよくならない。銀行は債権放棄をして、担保不動産を売却するしかないと主張しました。概《おおむ》ね、住専問題はその方向で処理されることになったのです。

不良債権問題の委員会で問題になった点は、大きく二つあります。

一つの問題は「ヤクザ問題」です。住専問題の最終処理をするにあたって、銀行側からはこう言われました。

「不良債権になっているのは、ほとんどがヤクザ絡みだ。まず、ヤクザの問題を解決しないことには最終処理はできない」

私の記憶では、ヤクザ問題のことを委員会で言い出したのは東京三菱銀行（以下、三菱銀行）でした。

三菱銀行は〝立派な屁理屈〟をこねるのが得意な銀行でした。ソロモン・ブラザーズ時代に不良債権問題を指摘してからも、三菱銀行はこう言っていました。

「不良債権は他の大手銀行だけの問題。三菱銀行は都市銀行六行のなかでバブルの最中に他行ほど融資を増やさなかったからこそ最も小さいので、クリーンで資産内容も健全だ」

「三菱銀行は世界一審査の厳しいニューヨーク証券取引所にも上場している。不良債権などそんなにあるわけがない」

しかし後年、それが事実ではなかったことが発覚します。他の銀行よりも不良債権の額が少ないのは事実ですが、あくまで相対的に見て多少、少ないだけであって、資産内容は決して良いとは言えなかったのです。

三菱銀行のやり口を知っていた私は、ヤクザ問題のことを聞いてこう思いました。

「債権放棄と最終処理に徹底的に反対したい銀行の『素晴らしい作戦』だ。すべての不良債権をヤクザの問題にすることで、この問題を解決できないようにするつもりだな」

日本経済を活性化するためには「銀行が債権放棄し、土地を借金の形から解放する必要がある」と書きましたが、銀行は借金をチャラにしたくないからなかなか手放しません。そのために、いろいろな屁理屈をこねてきたのです。

当時、不動産・建設業専門の女性アナリストがゴールドマン・サックスにおり、彼女と二人で組んで、不良債権に関する分析を行っていました。銀行の不良債権と不動産・建設業は表裏一体の関係。一緒に分析しないと、不良債権の実態はわからないからです。ほかの証券会社では、不動産・建設業と銀行をセットで分析することはしておらず、このやり方はゴールドマンの売りにもなっていました。

ほかの銀行アナリストは銀行にベッタリで、三菱銀行に言われたことをそのまま鵜呑みにし、右から左に流しているだけ。委員会に出席している人も、「ヤクザ問題」を信じていました。

三菱銀行の言っていることははたして事実なのか。私は、それを検証してみることにしました。

当時の不良債権の総額は、最初の金額から大きく増えて、私が出した試算で百一兆五千億円まで膨らんでいました。バブル期に行われた不動産取引の件数などの統計を女性アナリストに出してもらい、三菱銀行の「不良債権のほとんどがヤクザ絡み」という主張をベースに分析しました。

すると、驚くべき結果が出ました。記憶が正しければ、何と日本の男性労働者の三人に一人がヤクザじゃないと、不良債権の金額は百一兆五千億円にはならなかったのです。

後日、私は委員会で三菱銀行にこう反論したことを覚えています。

「不良債権のなかに、ヤクザ関連のものもあるでしょう。しかし、あなた方の『不良債権のほとんどがヤクザ絡みだから最終処理ができない』という主張を分析した結果、それだと日本の男性労働者の三人に一人がヤクザになってしまうことがわかりました」

「そんなものは、極論に過ぎない！」

「極論ではなく、あなた方が言った数字をもとにきちんと分析したに過ぎません」

委員会に出席している議員の人たちは、私たちの分析を「面白い！」と盛り上がっていました。

「そもそも、反社会勢力の人間と取引することは法律で禁止されているはずです。三菱銀行としては、そういう人たちだとわかったうえで融資していたことを認めますか」

ダメ押しでそう質問すると、相手は黙ってしまいました。

補足すると、「ヤクザ絡みの不良債権」は、一部ですが実際にありました。ただ、「不良債権＝ヤクザ絡み」といえるほどのものではなく、三菱銀行はただ単に債権放棄をしたくないがための屁理屈に利用したのです。

特殊なケースを持ち出して一般化してしまうことが日本の議論でままあるのだな、とその時に学びました。おそらくは、銀行も「どうせ議員だから分からないだろう。適当に理屈を作れば通るに違いない」と考えていたのではないでしょうか。

不思議だったのは、委員会のなかで、そういったいい加減な話を平気で信じてしまう人がいることです。検証をまったくしないまま、感情論、感覚的な話や雰囲気だけで問題がどんどん大きくなってしまう。いまも同じようなことが日本で起きているのが悲しいところですが……。

もう一つ問題になったのは、「住専問題の責任は誰にあるのか」ということ。

当時、言われていたのは「母体行責任論」と「貸し手責任論」の二つです。「母体行責任論」は住専の設立母体行に全面的に責任があり、母体行が損失を穴埋めするべきだとする考え方。

「貸し手責任論」は母体行だけでなく全ての貸し手が、貸金に比例して損失を穴埋めするべきだとする考え方です。母体行以外の大半は地方銀行でした。地方銀行は、大手主要銀行が貸していたからこそ、その審査能力を信じて融資をしていたので、地方銀行には責任がない、と主張していました。

住専国会でも、誰に責任があるかということでかなりモメました。

「住専は母体行からカネを借りて、個人に融資している。言ってみれば下請けのような存在で、責任は母体行にある」

「元を辿れば、大蔵省が主導してやったことなんだから、母体行の責任だけではない」

要するに、地方銀行は大手銀行が、大手銀行は大蔵省が悪いと言い、各々、責任の押し付け合いをしている状況を眺めながら、私は住専問題を一刻も早く解決させることが先で、責任問題が解決の邪魔になるのであれば後回しでいいのではないか、と考えていました。

住専はバブルという特殊な時代に起きた問題。特定の誰かに責任を問うのは極めて難しいと思います。不動産価格、株価もどんどん上がっている時代で、借り手にもおカネを返す能力が〝その時は〟あった。つまり、当時の融資の判断規準に見合っていたのです。

もちろん、あの当時、バブルは続かないと予測していた人もいましたが、大半の人は見通せていなかったわけですから、仕方ない側面もあったのではないでしょうか。毎日、経済が好循環しているなかで、いつ、その循環が止まるかなど、普通は予測できないでしょう。後知恵で「回避できたはずだ」と言うのは卑怯だと思います。

そもそも、住専というシステム自体に問題があった。銀行には総量規制（顧客に対して年収の三分の一を超える貸付を禁止する法律）がありましたが、住専はこの法律の対象外でした。ために焦げ付きそうな融資をどんどん住専に回したのです。言い方は悪いですが、銀行は住専を「ゴミ箱」のように使っていたわけです。銀行は「臭いもの」を外に、つまり住専に回したので、銀行の決算短信はすごくまともでした。

住専はエリートたちのプライドを守るために生まれた側面もあります。

一流大学を卒業し、大手銀行に入行。三菱地所やトヨタなど大企業の融資担当になって、銀座で接待だ、海外出張だと華やかな世界を歩いてきたエリートたちにとって、いきなり一般人に数千万円などを貸す、貸さないなどというスケールの小さい仕事をするのはプライドが許さなかった。彼らのプライドを保ちつつ、個人融資ができるようにしたのが住専だったわけです。

住専の設立プロセスが透明で、「誰が」この話を持ってきて決めたかがはっきりしていれば、もしかしたら責任を問えるかもしれませんが、当時はそういう文書も記録も十分に残っていませんから検証もできません。

誰か一人が悪いわけではなく、全員に責任があったのではないでしょうか。

はじめは母体行責任論が優勢でしたが、激論の末、母体行は債権を全額放棄、残りの住専の債務に対しても、応分負担する「修正母体行主義」に決まりました。

六兆四千億円の損失のうち、母体行が三兆五千億円、地方銀行などの一般行が一兆七千億円の債権放棄、農林系金融機関が五千三百億円を負担し、残りの六千八百五十億円については公的資金を注入しました。

これまでは、共同債権買取機構のように帳簿上の処理などでごまかしの連続でしたが、根本的な解決に乗り出したという意味では非常に大きな一歩でした。

当時は自社さ連立政権でしたが、メインで動いていたのは自民党です。まともな議論が通じる政党だったので、さすがだなと感心しました。銀行に債権放棄をさせるのは前例のないことでしたから、大英断です（住専問題の中身があまりに酷く、決断せざるを得ないということもあったと思いますが）。

この住専問題最終処理で債権放棄が行われるまで、私は一貫して「不良債権問題の解決には銀行の債権放棄が必要だ」と主張し続けていました。

その時、銀行側や多くの専門家、大学教授は、「法律上、規制があってできない」「借金を棒引きする文化は日本にはない」などと言い訳を並べ立てて、私の意見に耳を傾けようとしませんでした。

ところが、それはあくまでも目の前にある障害に過ぎず、言い訳に過ぎません。都合が変わって、本格的に取り組んだら、規制緩和や法改正によって、彼らが主張していた「文化、乗り越えられない規制、何も知らない外国人には見えていない問題点」はあっという間に消える。

ここで私は、規制や法律を理由にする「規制オタク」の指摘する細かい問題点は、動かないための作戦、屁理屈に過ぎないことを学習しました。

マーケットの反応としては、住専問題が処理されればこれで終わりだ、と考える人が大勢いました。私は彼らにこう言いました。

「今回は一番最初に膿《うみ》が出たというだけのこと。これで終わりではありません。ここから、ようやく本格的な不良債権処理が始まるんですよ」

日本人自ら破綻を招いた

住専国会の翌年の九七年、金融の世界は激動の年でした。戦後初めて、金融機関が倒産するのです。

戦後、日本の金融行政は大蔵省の保護のもと、護送船団方式が取られていました。船団のなかで最も速度の遅い船に速度を合わせて、全体が統制を確保しつつ進んでいく制度をいいます。預金金利や営業時間、振り込み手数料などを、どの銀行も一律にしたのです。

横並びにすることで、特定の銀行だけが莫大な利益を得ることはない代わりに、大きな損失を抱える銀行もなくなりました。銀行が安定すれば、国民は安心しておカネを預けることができ、その預金は企業の事業資金として回すことができるようになりキす。

戦前はしょっちゅう銀行が倒産して取り付け騒ぎが起きていましたから、戦後、護送船団方式が取られたことで経済が安定したのは事実です。

しかし、それもバブル崩壊によって綻びが出始めます。一九九五年に木津信用組合と兵庫銀行が倒産しましたが、大手金融機関でいちばん最初に倒れたのは一九九七年の三洋証券でした。証券会社は横並びの銀行と違い、外資系の参入によって自由競争に曝《さら》されたことに加え、バブル崩壊による株価下落で、利益がどんどん減っていったのです。

倒産の引き金を引いたのは、「劣後ローン」。劣後ローンとは、返済順位が他の債権より低い、無担保の貸出債権のこと。回収できないリスクが高いため、金利は高めに設定されています。

九四年三月、三洋証券は大蔵省主導の下、再建九カ年計画が制定され、金利減免や生命保険会社から二百億円の劣後ローンを受けました。ところが、業績は一向に回復しなかった。何度か劣後ローンの返済期限を迎えましたが、生保が期限延期をすることによって、三洋証券はなんとか持ちこたえている状態でした。

九七年、また劣後ローンの返済期限が近づき、生保が延長するかどうか、マーケットの注目が集まりました。延長しなければ、事実上、三洋証券は倒産することになります。

三洋証券側は延長するよう粘り強く交渉しましたが、結局、大蔵省の力が及ばない生保は、このまま延長しても業績が回復する見込みはないと判断、延長はしないことを決定。

十一月三日、三洋証券は会社更生法を申請、破綻。こうして戦後初めて、大手の金融機関の倒産が起こったのです。三洋証券倒産によってデフォルト（債務不履行）が発生、信用不安が広がって市場は大混乱に陥り、ドミノ式に倒産する金融機関が出ます。

三洋証券倒産から二週間後の十一月十七日、その余波を受けた北海道拓殖銀行が、都市銀行として初めて倒産。同月二十四日には、法人関連業務に強く「法人の山一」と言われた山一證券が自主廃業に追い込まれました。

金融業界は金融機関がバタバタ倒産することで、日経平均株価が下がる、株価が下がることで銀行が保有していた持合い株の含み益が減って銀行の体力はさらに低下する、それによってまた株価が下がるという悪循環に陥りました。

日本は世界から「唯一成功した社会主義国」と形容されましたが、不良債権の規模や処理できる能力は銀行によって違いますから、横並びにというわけにはいきません。当時は都市銀行上位六行が圧倒的に力を持っていて、その下になると非常に弱い。弱いところを守り過ぎると、強かったところも一緒に引っ張られてズルズルと悪影響を受けてしまう。いつかは誰かが弱いところを切り離さなくてはならなかったわけです。

その切り離しのスイッチを押したのが劣後ローンだった。生保は大蔵省の管轄ではなく、返済期限の延長をするようコントロールすることができませんでした。この一九九七年から、行政指導は緩和され始めます。

なぜ、護送船団方式のような非合理的なことが日本では成功したのか。それは諺《ことわざ》にある「A rising tide lifts all boats」すなわち「上げ潮は船をみな持ち上げる」があったからです。その上げ潮とは人口増加でした。人口ボーナスによる経済成長で、護送船団方式による国際競争力低下などのデメリットが覆い隠されていただけだったのです。戦後、日本以外に人口が大幅に増えた先進国はアメリカしかありませんから、こういった非合理的な政策は導入されていません。

いまでも講演やシンポジウムで、「日本の高度経済成長の主因は人口激増にある」と話をすると、経済の専門家であっても「そんなはずはない」「人口と経済成長は関係ない」「経済成長は技術や勤勉さで決まる」と言って人口増加の影響を認めません。「では、計算機を渡しますので、この事実を否定して下さい」と言うのですが、否定できたためしがない。専門家であっても、「日本の技術力」「勤勉な日本人の力」という「高度経済成長神話」の洗脳は、なかなか解けないのです。やはり、強い技術力と勤勉性がどこまで経済成長の要因になったか、因果関係を実際に分析することなく、その二つと経済成長を無理矢理に結びつけている。

これだけ不良債権問題が大きくなった一番の理由は、「事態を楽観視して動こうとしなかった」ことです。私もゴールドマン・サックスの銀行担当として政府の委員会に呼ばれ、「一刻も早く、抜本的解決策を打つべきだ。海外の歴史を見れば、早く動いたほうが傷は浅くて済む」と意見を述べましたが、大蔵省も銀行も聞く耳を持ちませんでした。彼らは、護送船団方式によってシステムが固定されているからと言い訳をして、抜本的な改革をしてこなかったのです。

しかし、彼らは建て前として「日本は海外と違って、弱い者を絶対に守る。護送船団方式だから、弱いところも無条件に助けることができるんだ」と言っていました。

日本経済に対する絶対的な自信――過信といってもいいでしょう――があったのも、対策が打てなかった理由の一つです。私がどんなに不良債権の問題点を指摘しても、大蔵省、銀行は決まってこう言いました。

「数字で訴えても、日本は数字で測れる国ではない」

歴史にｉｆはありませんが、もっと早く動いていれば、被害は軽く済んだはずです。私には、バブル崩壊によって破綻に追い込まれたのではなく、彼らが自ら破綻を招いたようにも見えました。

市場では、次に倒産するのは長期信用銀行（長銀）か日本債券信用銀行（日債銀）なのではないかと、噂されていました。もともと長銀三行（長銀、日債銀、日本興業銀行）は、戦後、復興のなかで鉄鋼・電力・石炭・海運などへの融資で大きくなった銀行で、八〇年代にはその役割はほとんど終わっていました。そのため、バブルの時に本業ではなかった土地や株により大きく手を出し、バブル崩壊で大火傷を負ってしまった。それが、護送船団方式によって「存続させられている」状態でした。

長銀はスイス銀行や住友信託銀行と合併する話も持ち上がりましたが、長銀の経営状態があまりに酷かったのでしょう、両方とも破談に終わっています。

銀行アナリストの間では、長銀は債務超過しているだろうというのが大方の見方でした。いずれ潰れる銀行を分析したところで大した意味はありませんから、長銀に関して私はあまりレポートを書きませんでした。

すると、長銀側から「なぜ長銀のことを書いてくれないんだ」とクレームがきました。

ところが、いざ債務超過を指摘するレポートを出すと長銀の頭取に呼び出され、猛烈に責められたのです。

私は率直に意見を伝えました。

「私が見ている数字では、不良債権の金額は開示している数字以上になっています。債務超過していることは明らかです」

頭取は物凄い剣幕でまくし立てました。

「風説の流布だ！」

「あなたが指摘しなければ、不良債権問題などなかった」

「うちの銀行を潰す気か⁉」

「日本経済を貶《おと》めて、この国を潰そうとしているんだろう」

私としては開示されているデータを分析したに過ぎないのに、なぜそこまで責められるのかわかりませんでした。『うちの銀行を潰す気か』と言われても、潰したのは私ではなく、あなた方自身ですよ」と言いたいくらいでした。

頭取ははったりでしょうが、「ニューヨーク市場に上場してやる」とも言っていました。

ニューヨーク上場をするには、厳しい情報開示の義務が求められます。ニューヨークに上場して、私が指摘したような不良債権や債務超過の問題などがないことを証明し、ゴールドマン・サックスを黙らせてやるというのです。

「ニューヨーク上場するための手続きをゴールドマン・サックスに手伝わせる！」

私は、ニューヨーク上場はできるはずがないと思っていました。

「ゴールドマン・サックスには、コンプライアンス委員会があります。いまの長銀の経営状態ですと、委員会で『その話は引き受けられない』との結論になるはずですよ」

丁重に断ったのですが、頭取はさらに怒り出しました。

それから何日も経たないある日、朝刊を広げると、「長銀破綻、国有化へ」の文字が飛び込んできました。

政府は大蔵省、銀行に任せていては一向に問題が解決しないことがわかったのでしょう。もう時間稼ぎは通用しない、と金融再生法や早期健全化法などの法律を成立させ、長銀を国有化したのです。一九九八年の六月に金融監督庁もできて、大蔵省による監督時代も終わりました。

「やはり、国有化されたか」と思うと同時に、ついこの間まで頭取が「風説の流布だ」「ニューヨーク上場する」と豪語していたのはいったい何だったのだろう、と首を傾げました。

その後、資産査定で長銀には二兆円の債務超過があることが発覚。不良債権の金額も、私が算出した不良債権の数字とほとんど変わらなかった、と関係者から聞きました。

金融機関の倒産によって、これまでついてきた嘘が次々と明るみに出ます。嘘も方便とはいいますが、金融機関のそれは常軌《じょうき》を逸《いっ》していました。

先述した三洋証券は、最後の最後まで経営は問題ないと言っていましたし、「飛ばし」（決算対策のため、損失を一時的に他社に移すこと）で自主廃業を余儀なくされた山一證券も「飛ばしはしていない」とシラを切っていました。

北海道拓殖銀行も、倒産する前は「不良債権は言われるほどない」と言っていたにもかかわらず、倒産してからかなりの額の不良債権があることが明らかになりました。一九九八年決算では、不良債権比率は約四割という驚きの数字で、一・二兆円の債務超過だった。

銀行は会社を守るためと称して、どれだけ真っ赤な嘘をついたのだろうと恐ろしくなったほどです。

日本人の銀行アナリストも、銀行に不利益な情報は流さないようにしていました。「銀行に不利な情報を出さないことで、自分たちは銀行を守っている」という意識が彼らにはあったのです。銀行に対して、率直にものを言っているのは私くらい。私のように耳の痛いことを指摘することは、長銀頭取の言葉を借りれば「風説の流布」であり、パニックを誘発していると見なしていた。

私からすると、彼らは銀行を守っているどころか、「悪化させている」ように思えてなりません。

たとえば、体のどこかに膿が溜まっていたとします。私は、放っておいてもよくならないから、早く手術をして膿を出したほうがいいと指摘しているわけです。誰にでもわかる話だと思うのですが、日本人アナリストは「手術するほどのものじゃない」「膿なんてない」

という。それでよくなるはずがありません。

世界経済は、すでに日本と似たような金融危機を何回も何回も経験しています。放っておけば余計に悪化することはわかりきった話なのに、「西洋資本主義の押し付けだ」とか「日本の成功を妬んでいるからそういうことを言うんだろう」とか、感情的な批判をしてくるので辟易《へきえき》しました。

長銀国有化に政府が動いていなければ、長銀倒産の煽《あお》りを受けて力の弱い銀行から順に潰れていったでしょう。その後の回復もなかったと思います。九七年、九八年の二年間は、「銀行不倒神話」や「日本経済特殊論」などの幻想が崩れた年でした。

いまにして思えば、日本が戦後の非合理的な仕組みから卒業するために必要な時間だったのかもしれません。

銀行合併の仲介人に

一九九八年、私は「日本に主要銀行は二～四行しか必要ない」と分析したレポートを出し、金融業界を騒がせます。

一九九八年から二〇〇〇年は、銀行の不倒神話や護送船団方式が崩壊したり、金融再生トータルプラン（自民党が金融機関の不良債権の抜本的解決と処理を促進し、金融不安を解消することを狙った一連の政策）の政策がまとまったり、日本経済にとっては大転換期。当時、私はこんなことを思っていました。

「銀行業界全体を再編するうえで、そもそも日本にはいくつ主要銀行があれば事足りるのだろう」

気分転換に理論値、理想論を考えることにしました。

そんな時、部下が興味深い調査をしていました。金融機関のシステム投資の分析をまとめて、世界の金融機関のデータを収集。数字を集めて分析をしたら、面白いことに、システム投資金額の多寡で、きれいにトップグループと二番手グループに分かれたのです。

さらに分析すると、トップの金融機関は当時、二千億円に相当する投資金額とそれ以下に分類されていることに気づきました。その総額と収益性や実績、株の評価などを比べたら、システム投資総額と企業力にかなりの相関と因果関係があることがわかったのです。これはとても画期的でした。さらに調べてみると、金融機関はシステム投資金額が粗利益の一割に相当していました。

私はこの部下の分析を、日本にいくつ主要銀行が必要かを算出するのに使えるかもしれないと考えました。計算は非常にシンプルです。日本の主要銀行の粗利益を合計すると約八兆円。その一割＝八千億円を二千億円で割ると、答えは四行。独占禁止法の観点から最低二行は必要でしょうから、日本に主要銀行は二〜四行しかいらないという結論に至ったわけです。

あまりにもシンプルな話なので念のため、他の国の銀行を担当しているゴールドマン・サックスの他の支店の銀行アナリストたちを集め、私のレポートを海外の金融機関の例も含めて検証してもらいました。

その結果、やはりこの粗利益の一割＝二千億円のシステム投資をしている会社がトップになるというのは、間違いないようでした。なぜ二千億円なのかについては解明できませんでしたが、かなり企業努力しているのにトップに入れない金融機関のシステム投資金額を見ると、みな一千七百億円、一千八百億円で、二千億円に届かない。

役員会でもよく、トップ投資銀行であるゴールドマン・サックス、モルガン・スタンレーと、二番手グループのリーマン・ブラザーズ、メリルリンチなどでは何が違うのかが、議題に挙がりました。

スタッフの能力差ではありません。二番手グループの投資銀行はゴールドマン・サックス、モルガン・スタンレーからスタッフを大勢ヘッドハンティングして高い給料を支払っていたにもかかわらず、トップに追いつくことはできなかった。調べてみたら、最大の違いはやはりシステム投資の違いでした。

自分の分析に確信を得た私は、「日本に主要銀行は二〜四行しか必要ない」というレポートを発表。お客さんも最初は驚いていました。かなり衝撃的だったようです。あまりにもこれまでの常識からかけ離れていたので無視されてもおかしくないですが、絶対にありえないと言われた不良債権の問題などに関する私の予想が的中してきたことをお客さんは知っているので、「アトキンソンさんの予想は当たるからなぁ」と好意的でした。

後日、そのレポートがマスコミに取り上げられ、大騒ぎになります。アナリストからも、「日本では絶対ありえない」「銀行の系列があるから、無理だ」「完全に狂ってる」「反論するのもばかばかしい分析だ」「机上の空論」「もうアトキンソンは終わった」など批判の嵐。

大騒ぎするのも無理はありません。一九九〇年の時に主要銀行二十一行、しかも財閥系の銀行もありましたから、それらが合併して二〜四行になるなんて、当時としては誰も考えられなかったのです。

しかし二〇〇二年、第一勧業銀行、富士銀行、日本興業銀行が合併してみずほ銀行が誕生したことを皮切りに、次々と銀行は合併されていきます。どこの銀行もいい条件で合併したいと考えており、早く動かないと、ほかの銀行に「おいしい条件で合併できる銀行」を取られてしまいますから、頭取たちは周りを窺《うかが》いながら戦々兢々《せんせんきょうきょう》としていました。

そんななか、いち早く銀行の合併を指摘していたからか、私のところにいろいろな銀行の頭取から「どこの銀行と合併したらいいか」と相談が相次ぎます。

ある日、朝いちでA銀行の頭取に呼び出されました。

「B銀行と一緒になりたいのだけれど、かなり厳しい条件を言われると思うんだよ。向こうが実際、どう思っているか、探ってくれないか」

「じゃあ、B銀行の頭取のところに行ってきますよ」

B銀行の頭取のところに行って話をすると、「厳しい条件を突きつけるつもりはない」という。

また A銀行の頭取のところへ戻って、

「B銀行の頭取は、対等な条件でいいと言っていますよ」

「本当か！　それなら明日にでも話をまとめたい」

「じゃあ、またB銀行の頭取に訊いてきます」

また戻って、B銀行の頭取にA銀行の意向を伝えました。

「こういう話は早いほうがいい。明日じゃなくて、今日はダメなのか」

「……じゃあ、先方に訊いてみましょう」

当時、携帯電話はありましたが、重要な話をするツールではなく、一日に何回もA銀行とB銀行を新幹線で往復。結局、A銀行とB銀行は、その日の夜に話し合いが決まって合併することになりました。

興味深かったのは、合併する理由が理屈だけでなく、人間関係を重視することが多かったことです。頭取の共通の知人が私だったというだけで、合併の話がまとまった銀行もありました。

当時、呆れたのは、私のレポートを批判していたアナリストたちです。

多くの銀行から相談を受けるので、必然的に私のところに合併の情報が集中します。アナリストのなかでいちばん情報を持っていたと言っても過言ではありません。

ところが、「絶対に二～四行になどならない」と私を批判していたアナリストたちが、合併が始まったらいきなり「○○銀行と△△銀行は合併する可能性が高い」などと言っている姿を見ると、開いた口が塞がりませんでした。日本人の、その〝柔軟性〟にはいつも感動します。

先日、ある日本人の友人にこう言われました。

「オセロは日本人が作ったゲームだけど、あれには日本の文化が表れていますね。黒で占められていたけど、ある日突然、どこかに白が置かれると、一気に白へ変わる」

友人の言葉に、私は膝を打ちました。

アナリストやマスコミは、「実話」として、あることないことを〝正々堂々〟と語ることにも驚きました。

私はインサイダーなので、「彼らの言っていることはデタラメですよ」と批判することもできない。それを言った途端、インサイダー取引規制違反になってしまいます。堂々と語る人ほど重要な情報からは遠い人なのが歯痒《はがゆ》くもあり、どこか滑稽《こっけい》でもありました。

マスコミのいい加減さもよくわかりました。大手の新聞であっても、しばしばデタラメなことが書かれている。たとえば、ある新聞にこう書かれていた。

「二つの銀行を合併したその裏には、実は、ある人物の仲介があった」

その二つの銀行、私が仲介した銀行なのですが、記事を読むと全く別の人物が仲介人として登場し、合併の裏話をしている。もちろん、その人物が話している内容自体もデタラメ。当事者はよほどのことがない限り、マスコミには出てこないことがよくわかりました。

系列が違うから、大手銀行同士の合併はあり得ないと散々言われたにもかかわらず、三井財閥系のさくら銀行と住友銀行が合併した際も、こんなことを書いた人がいました。

「三井と住友の京都にある別荘は、実は隣同士。しかも、隣り合う塀には門があって行き来できるようになっている。昔から深い関わりがあり、今回の合併は偶然ではないのだ」

もちろん、別荘が隣同士なのも、隣り合う塀に門があるのも事実です。しかし、それをもって合併が必然であったかのように書くのは、あまりに無理筋ではないでしょうか。

日本の新聞は――もちろん、すべての記事ではありませんが――話が面白ければ面白いほど十分な事実確認もせず、ほとんど「妄想」で書いているのだな、と思い知らされました。

結局、ほぼ予想どおり、主要銀行の数は三行になります。

いまだから言えることですが、本心ではあのレポートを書いた時、予想が当たるとは思っていませんでした。あの時は部下の調査が面白かったので刺激を受け、発想転換し、それを使って分析をしてみただけのこと。今後、銀行を分析するデータの叩き台になれば、くらいのつもりで書いたレポートでした。

予想が当たった理由はいくつか考えられます。

①「偶然、当たった」

②「私の分析が正しかった」

③「当局が私のレポートを参考にして動いた」

③については確認しようのないことですが、当時、グローバルで強い銀行制度にしなくてはいけないという考えが政府のなかにあったことに加え、公的資金注入などで政府の力が強い時期でした。自然に任せて合併を待っていたら、もっと時間がかかっていますから、当局が後ろで動いていた可能性はあります。

いまの観光戦略の状況と似ているかもしれません。私は一つの分析として観光立国の本を出しましたが、その分析に一定のエビデンスがあり、政府が参考にする。外国人観光客は増加し、私の予想は当たるわけですが、そのプロセスを見ていくと、私の分析をベースに実行したのであれば、当たるのは当然といえば当然なわけです。

銀行の合併劇のど真ん中にいた私ですが、利害関係者なので銀行から仲介料などは一切もらっていませんし、ゴールドマン・サックスにアドバイザリー業務の手数料が落ちても、私には何のメリットもありませんでした。もらったものと言えば、合併した際につくられた何年何月何日に合併したと書いてある記念品くらい。昔ならば時代劇のように、菓子折りくらいもらってもいいのでは……と思わないでもなかったですが（笑）、いい経験でした。

三菱銀行との全面戦争

私が「主要銀行は二～四行で十分」というレポートを書いた一九九八年は、私と三菱銀行との全面戦争が始まる年でもあります。

同年七月、国会では金融機関の不良債権の抜本的解決、金融不安を解消することを狙った金融政策、「金融再生トータルプラン」が可決。十月には金融再生法が成立し、銀行には不良債権の開示が義務付けられます。

当時、不良債権の定義が曖昧だったため、金融再生法で不良債権を四つに分類しました。

- 破綻更生債権（一年以内に回収の見込みがない債権）
- 危険債権（元本の回収や利息の受け取りができない可能性が高い融資先に対する債権）
- 要管理債権（元金や利息の支払いが三カ月以上延滞しているものや、債務者の再建・支援を図るため貸出条件が緩和されている債権）

●正常債権

銀行はこの定義をもとに、不良債権を分類していったわけです。

ところが、三菱銀行だけは独自にアメリカで使われている不良債権基準を採用し、その金額を発表します。

三菱銀行が採用したのはディスカウント・キャッシュ・フロー（DCF）法です。DCF法は、資産を現在の価値に置き換える評価方法です。少し長くなりますが、大事なところなのでお付き合いください。

DCF法では、現在もらえる百万円と一年後にもらえる百万円は価値が違う、と考えます。同じ百万円でも、早くもらえたほうが嬉しい。つまり「いまもらえる百万円は、一年後にもらう百万円よりも価値がある」ということです。現在と未来にもらえるおカネの価値を釣り合うようにする方法はいろいろありますが、根本にあるのは「金利」です。

たとえば、百万円を年率金利三％で借りたとしたら、一年後には百三万円返さなければなりません。これは、一年後の百万円の価値が下がったと言えるわけです。別な見方で、インフレの状況で考えればわかりやすい。いままで百円で買えたものが、インフレが年三％として、来年は百三円出さないと買えなくなったとしたら、それは一年後の百円の価値が前よりも下がったと見るわけです。

この時間による価値の減少を加味して正確に資産を評価しましょうというのが、DCF

法の基本的な考え方です。

先の例で、一年後の百万円を現在の価値に置き換えるといくらか。百÷一・〇三（割引率）＝九十七万円ということになります。

これは、不良債権の要償却額（耐用年数内に償却しなければならない額）を計算するのに使用できます。何年先にいくら回収できるかを予想し、それをいまの価値に直して償却額を計算するのです。

三菱銀行だけは、不良債権の評価にこのＤＣＦ法を使っており、こう豪語していました。

「三菱銀行はアメリカ式の厳しい評価基準で、資産内容はこんなに優れている。われわれの経営は健全だ」

しかし、このＤＣＦ法には重大な欠点があります。当時のアメリカの長期金利は五・五四％だったのに対し、日本の場合は短期金利も長期金利も極めて低い水準でした。金利が低いというのは、巨額な借り入れがあっても金利負担はほぼゼロで、借り入れ金額を返す能力はないにもかかわらず、延滞はしていないから、その融資先を不良債権と見るべきかどうかは議論の余地がありました。

なお、将来回収に関しても、ほぼゼロ金利ですから、ＤＣＦ法で計算するときの割引率が低い。割引率が低くなればなるほど、将来回収が期待できる百万円の価値は、どんなにそれが遠い将来であっても現在価値は変わらなくなるのです。

たとえば、割引率一％で百万円を生み出す物件の計算をしてみましょう。一年目九十九万円、二年目九十八万円、三年目九十七万円……とほとんど価値が下がらない。計算上はほとんど変わらない価値を生み出すので、その資産（不動産）の価値も下がらないことになってしまうわけです。十年先に百万円の回収ができるとアメリカで見込めば、その現在価値は五十八万円、日本で計算すれば九十万円です。全く違う状況のアメリカの方式を使ったとしても、償却しなければならない額は全く違ってくるので、アメリカのやり方だから健全だという理屈も成立しません。

日本の銀行のトップである三菱銀行が、このＤＣＦ法の欠点をわかっていないはずがない。もしわからずにやっていたとしたら、ただの無知です。

私はレポートで、三菱銀行のＤＣＦ法を用いた評価方法はただの悪質な誤魔化しに過ぎない、と批判しました。

三菱銀行の行員は優秀な人ばかりですから、その欠点を分かったうえで、「どうせアナリストは理解していない」もしくは「理解していても批判はしてこないだろう」とタカを括っていたとしか思えません。

私はあの時代に、銀行幹部によくこう言われていました。

「アトキンソンさんは、銀行が悪いのは投資家を騙しているからだと言うけど、騙すほうより騙されるほうが悪いですよ」

三菱銀行のやり方は陰険だったと思います。理屈は立派だから、皆感心する。しかし、その理屈に隠れている大きな欠点を分かったうえでそれを使う。欠点を指摘しても、三菱銀行に対する信仰のほうが強いから、なかなか信じてもらえません。

レポート発表後、ゴールドマン・サックスと三菱銀行との関係はさらに悪化し、三菱銀行からゴールドマン・サックスの会長や社長にクレームがあったとか、株や債券、為替部門の営業マンにかなりの圧力がかかって取引が減ったとか、いろいろな話を聞きました。

本当かどうかはわかりませんが、その時に信託銀行の年金部門からの注文もかなり減らされたと聞いています。もし、私のレポートが原因で取引量が減ったとしたら、由々しき問題です。信託銀行は文字どおり、人からおカネを信じて託されている。運用に関してベストを尽くさなければならないのに、「批判されたからこの投資銀行と取引するな」というのは、おカネを託している顧客に対する背信行為でしょう。ただ、そのことを証明することはできませんが……。

二〇〇九年、三菱銀行の傘下だった三菱証券は、ゴールドマン・サックスのライバルだったモルガン・スタンレーと合併します。合併理由の全てとはいいませんが、私のレポートによって、三菱銀行がゴールドマン・サックスを敵視したことが少なからず影響していたと思います。

私のレポートが出てからも、相変わらず三菱銀行はアナリストミーティングなどで、「アメリカ式の基準でやれるのは三菱銀行だけだ」と宣《のたま》っていた。

あるアナリストミーティングで、私は直接問題点を指摘しようと、質疑応答の時に手を挙げました。しかし、三菱銀行側は手を挙げる私を無視してマイクを渡さない。

当時、銀行の立場が強く、アナリストは質疑応答の時も当たり障りのない質問しかしないなか、私は「この銀行の言っていることは絶対におかしい」と思った時しか手を挙げませんでした。私に質問させたが最後、銀行は完膚《かんぷ》なきまでやり込められてしまいます。

その話は有名だったので、銀行側は私の手が挙がらないかビクビクしていました。アナリストミーティングで私の手が挙がると、「今日は荒れるぞ……」とその場がざわついたものです。

三菱銀行も、私に質問させたら、誤魔化していることがバレてしまうと思ったのでしょう、懸命に私の存在を無視しました。

あの頃の銀行の〝上から目線〟ぶりはこれ以上ないほどひどいものでした。二〇一八年、日大アメフト部問題の会見で、司会者の傲慢な態度が批判を浴びましたが、当時の銀行はあれの連発です。いや、もっとひどかったかもしれない。大げさではなく、彼らは自分たちを特別な人間だと思い込んでいました。

「日本経済を動かしているのはわれわれだ」

当時の銀行のトップたちは高給取りで生活も派手だったから、こういう選民意識が芽生えてしまったのかもしれません。

だから、一般の人や私のような「ただの人」にとやかく言われるのが不快なのです。九八年に、私は「もしも、三菱銀行の頭取だったら」という三菱銀行の個別銘柄レポートも書いていました。三菱銀行の経営戦略について論じた内容でしたが、このタイトルが三菱銀行のプライドに触れてしまったのです。

英語版のタイトルでは「If you ~」とついており、「もしも〃あなたが〃三菱銀行の頭取なら」となっているのですが、日本語版では主語を省いており、三菱銀行は「もしも〃私、アトキンソンが〃三菱銀行の頭取だったら」と解釈したのです。三菱銀行内では、「自分を頭取に譬えるとは生意気なヤツだ」と評判が悪かったそうです。

そもそも、銀行はアナリストが分析したり批評したりすることを認めていなかった。分析するためには相手と同じ目線、あるいは高いところに立たなくてはなりません。銀行はそれが気に入らないわけです。

ある銀行の頭取と一緒に、海外投資家を回ったことがありました。車のなかで、海外投資家たちについてこう言っていました。

「若造のくせに」

「私の説明だけ聞いていればいい。質問してくるなんて生意気だ」

ある投資家のところで議論になった時の頭取の発言は忘れられません。

「私は論争に来ているわけではない。戦略が気に入らないなら、持ち合いの取引先に買ってもらうから、持っている株を全部売ってくれていい」

これは頭取個人の意見ではなく、銀行のトップたちの共通認識だったと思います。

当時は「銀行の主張は正しく、反論することは許されない」という空気すらありました。だから、アナリストは銀行の発表したことを検証することもなく、そのまま右から左に顧客に流していた。そんなことはお構いなしに反論していた私は、はたから見れば異端児だったと思います。

面白かったのは、銀行に呼び出されて激しく批判されるのですが、夕方になると、昼間とは態度が打って変わって飲みに誘われることです。

「頭取から『アトキンソンを呼び出して絞め上げろ』と言われているから、立場上、言うとおりにしているだけなんだよ。本音じゃないから気にしないで」

やはり、日本は何年いても驚くことが多い国です。

トータルプランと銀行からの脅し

それまで絶対権力者だった銀行ですが、一九九八年に金融再生トータルプラン、金融再生法ができたことで、立場が一転します。銀行は厳密な不良債権の開示などを余儀なくされ、世間から批判されるようになりました。

「不良債権の金額を誤魔化しているんじゃないのか！」

「経営責任はどうなる。頭取が刑務所送りになることだってあり得るぞ！」

加えて、公的資金注入が決まったことで、政府からおカネをもらう立場になり、政府に楯突《たてつ》くこともできなくなった。絶対権力者だった立場が崩れて、銀行は初めて自分たちの存在が危ぶまれる状況になり、内心かなり焦っていたと思います。

結局、銀行の経営責任は不問に付され、不良債権の開示も概ね厳密に行われました。最終的に三菱銀行の資産内容、償却した金額を見れば、他行とそれほど違わず、豪語していたほど優位性はありませんでした。ここから、私がずっと訴えていた不良債権の最終処理が本格的にスタートします。

いまだに銀行業界では、私は〝悪い意味で〟有名なようです。たまに委員会や会合などで銀行関係者の方と名刺交換すると、私の名前が印象的だからか、よくこう言われます。

「同じ名前の方で、昔、ゴールドマン・サックスでアナリストをしていた人がいましたね」

「私が本人ですよ」

相手は驚いて、人によっては、バツが悪そうにそのまま去っていく人もいます。私はアナリストとしての仕事を全うしていただけなのですが、いまだに当時のことを根に持っている銀行関係者は多いようです。

私の人生のなかでも、いろいろな意味で一九九八年は大変な分岐点でした。この一年にあったことは新しい方向性を決め、何年先にもわたって影響しています。

九八年七月に成立した金融再生トータルプランをめぐり、私と銀行との戦いは、一層激しさを増していきます。不良債権問題の抜本的解決を目的としたトータルプランのポイントは、大きく分けて七つ。

①臨時不動産関係権利調整委員会の発足

②債権放棄にかかわる無税償却の拡大、債権回収業務の法制化

③共同債権買取機構の機能拡充

④（不良債権の）競売の迅速化

⑤金融機関の経営健全化のためのディスクロージャー（経営内容などの情報を開示すること）の徹底

⑥金融機関が破綻した時における円滑な処理と借り手保護のための受け皿銀行＝ブリッジバンクの創設

⑦金融監督庁を金融庁に変えて、それによる主要十九行の集中検査の実施

この金融再生トータルプランは、極めて大きな政策転換でした。九〇年に始まったバブル崩壊の「終わりの始まり」で、日本経済史における数少ない大きな分岐点です。日本経

済の救済を果たしたと言っても過言ではありません。

金融再生トータルプラン以前は銀行が主導権を握り、日本経済の底力を信じて、待っていれば自然に問題は解決されるだろうという受身的な政策でした。それが金融再生トータルプランで政府主導に変わり、積極的に改革を進める時代に変わりました。

不良債権問題を解決するためには、まず塩漬けになって活用されていない担保不動産を吐き出させる必要があります。この①から⑦は、そのために必要な政策でした。

トータルプランは、私が九四年に上梓した『銀行——不良債権からの脱却』と、そのあとに行った分析がベースになっています。長年訴えていたことが、やっと政策になったのです。

この大胆な政策転換に深くかかわっていたのは、山本幸三議員でした。

不良債権問題解決に取り組んでいた山本議員は私の書いた『銀行——不良債権からの脱却』をお読みになり、連絡をくださった。以来、不良債権問題に関して意見を交わすようになったのです。

銀行は、私や山本議員がいくら不良債権を最終処理しなければいけないと訴えても、聞く耳を持ちませんでした。

「景気は波だ。また好景気の波がくれば問題は解決する」

「西洋資本主義の押しつけではないか。日本的なやり方があるはずだ」

そんなことばかり言って、まったく前に進まないのです。

この時代に、いくつか「悟ったこと」があります。

銀行は何かにつけて「お国のために」と訴えていましたが、実は違っていました。

不良債権問題は、いま私が提起している生産性の問題と同じで、銀行はこの問題が解決されなくても、さほど困りません。自分たちが損してまで解決するつもりはない、という本音がよくわかりました。債権を放棄し、担保不動産を売ったら損失は確定。銀行の損は経済の得となります。

しかし国全体としては、土地が塩漬けになることで、経済に悪影響が出てしまっている。銀行は「国益のためにわれわれはやっているんだ」とかなんとか言っていましたが、実際は自分たちの利益しか考えていないのです。もちろん、自分の利益を求めるのは合理的な判断ですが、国全体として許されるべき状態ではありませんでした。下手をすれば、銀行の都合のために経済全体が崩壊する、アメリカの一九三〇年代のような大不況につながることもありうる。

だからこそ、この問題は政府主導ではないといけないことがわかりました。

はじめは、大部分の政治家は「ここまで日本経済を大きくしたのは銀行」「銀行はお国のために奉仕をしている」という意識が強く、あまり銀行を表立って批判しにくい空気がありましたが、状況が悪化するにつれ、政府が動かないとこの問題は永遠に解決ができないという危機感が芽生えていった。そこで成立したのがトータルプランだったのです。トータルプランについては賛否両論ありましたが、私が九〇年代はじめから新聞、雑誌で「不良債権の最終処理が必要だ」と訴え続けてきたことに加え、銀行に対して風当たりが強くなって社会的なコンセンサスはできつつあり、マスコミからもそれほど反対に遭いませんでした。政府も動きやすかったとは思います。

山本議員はトータルプランの中心的な役割を担っており、トータルプランに関する委員会にも私は参加していました。

のちの実績を見ればわかるように、このトータルプランはよくできていました。銀行はごまかしがきかず、逃げ道もない。銀行が問題にしていた抵当権関係の整理をして、担保不動産を処分するときに限って無税の債権放棄を認める。処分するために競売制度も整備をする。逃げられないように隠してきた不良債権を開示させ、それも徹底的にチェックし、銀行は最終処理を十分にしているかどうかを、第三者にもわかりやすい形で表に出させました。その最終処理に耐えられない銀行がほかの銀行の最終処理の邪魔にならないように、国有化の仕組みも用意してありました。実に素晴らしい政策だったのです。

まさか、このような政策になると思っていなかったのではないでしょう。最初、トータルプランに関して銀行はあまり気にしていませんでした。トータルプランは抜本的な金融政策で、銀行からすると「革命」に近いもの。次第に自分たちがものすごく不利になることがわかってきたので、「黒幕」とされていた私を徹底的に攻撃してきます。

この時期、私は身の危険を感じ始めました。銀行の人間がこう言うのです。

「世の中にはいろんな人がいますからね。命、大丈夫ですか」

「人の命は五十万円払えば消せるんですよ」

銀行で働いている知人には、かなり心配されました。

「銀行の幹部は、追い詰められたらなにをしだすかわからない。気をつけて下さい」

自民党からも、こう注意されました。

「移動の時、タクシーは使わず、人目のつく公共の交通機関を使ったほうがいい。でも、電車に乗る時は、絶対にホームの線路際には立ったらだめですよ」

銀行から何度か脅しめいたことを言われましたが、幸い、こちらも警戒していたので危険な目に遭うことはありませんでした。

予言していた再開発ブーム

一九九三年から展開していた最終処理の考え方に対して、銀行は次から次へと問題点を提示してきました。

（1）「債権放棄は有税だから、最終処理は無理」
（2）「弱い銀行は耐えられないから、最終処理はやめるべき」
（3）「抵当権関係は複雑すぎて、整理が無理だから、最終処理は不可能」
（4）「担保不動産を処分すれば、不動産市場が崩壊して経済に大打撃を与えるから、やめるべき」
（5）「そもそも、不動産を買う人がいない」

などなど反対の大合唱。私は　その一つひとつを分析しました。

たとえば、（3）について。この問題は、抵当権の順位が低い銀行は抵当権を外したがらないので、担保不動産を処分することができないということです。抵当権順位の低い銀行は、その分だけ回収が厳しいのと、その損失額に耐えられないぐらい体質が弱いと言われていました。

しかし、これは言い訳でした。当時、私は一定の条件を満たせば、抵当権者の抵当権を外すことのできる「滌除《てきじょ》」（抵当権消滅請求）という法律を発見しました。もしその法律がなく、そこまで法整備がされていなかったとしても、政府が権利関係を整理する法律を作ればいいだけでしょう。

それが、不良債権の債権債務関係を整理するためのトータルプランの①「臨時不動産関係権利調整委員会の発足」の原点でした。

（1）についても同様で、担保不動産を処分するために、政府が無税での債権放棄を認めればできることとです。

銀行は債権放棄について、「ゼネコンの救済になるからダメだ」とも言っていました。ところが、銀行への公的資金の投入はあっさり受け入れたのですから、よく言ったものだと思います。

トータルプランの④「競売の迅速化」は、不動産を効率よく処分するために考えられた対策です。銀行は（5）のように、「地価は下がり続けていて、上がる見込みはない。不良債権を競売にかけたところで買い手なんてつかない」と反論してきた。

市場原理のわかっていない銀行の言いそうなことです。銀行はトレンドだけしか見ないから、その時、地価が下がっていれば永遠に下がると思い込み、逆に上がっている時は永遠に上がると錯覚してしまう。日本の金融マンによくあるパターンです。

銀行は「今は不景気だから、売れない」と主張していました。しかし想像するに、もし景気が上向いたら「(景気に) 水を差すから今じゃない」、もしくは、「さらに地価が上がるまで待つべきだ」と主張したことだろうと思います。逆に、銀行が担保不動産を売らないから景気が回復しないとも言え、原因と結果を間違えているという見方もできます。私としては、それならいつになれば売れるのか、と銀行に聞きたいぐらいでした。

私は、いくら土地の値段が下がっているとは言っても買い手はいるし、逆に、塩漬けにしていた分、流動化すれば地価が逆転する可能性が高いと思っていました。

当時、丸の内周辺をはじめ古く使い勝手の悪い不動産（オフィスビル）がたくさんありました。パソコンの普及に、ビル設備がついていけていなかったのです。ゴールドマン・サックスもそうでしたが、床がパソコンのケーブルだらけだったり、パソコンの熱に空調が対応できていなかったり、改善点が多くありました。

「きちんと土地を再開発して付加価値をつければ、土地の値段は上がり、買ったときよりも高く売ることができる。そのことをわかっている人が必ずいるはずだし、競売などいろいろ不動産の流動性を上げていけば、再開発ブームが起こるに違いない」。要するに、設備投資をしてその不動産の付加価値を上げたら、単価が上がるに決まっているというシンプルな経済学が私の主張でした。

しかし、銀行は不動産を担保として持ち続けるだけで、なにもしませんでした。

「オフィスの空室率は上がっている。不動産を買う人もいなければ、再開発したところで、オフィスを借りる会社なんてない」と。

日本でよくある、もう一つの言い訳が、人材がいないということでした。具体的には「競売できる人材がいないから、できません」「人材作りが先だ」との理屈を言われたのです。しかし、競売がそもそも行われていなかったので、専門の人材はいないに決まっている。需要がないところに供給がないのは当然です。競売という供給をすれば、利益のために人材が集まり、育ち、海外から学んだりすれば良いだけの話なので、問題視していなかったのに、人材がいないから無理だという銀行からの反論は最後まで消えませんでした。

ところが、いざ競売をやってみると買い手が大勢おり、再開発が盛んになります。最先端の再開発をして付加価値をつけたことで、空室率は低下、家賃、地価も上がりました。

私が「再開発ブームがやってくる」と言えば、銀行関係者からは「アトキンソンはいったい何をわけのわからんことを言っているんだ」と白い目で見られましたが、結局、やり出せば買い手が現れて、大再開発が始まったのです。多くの人が、需要がないから「絶対に失敗する」と疑問視した六本木ヒルズ、ミッドタウンなどは、予想に反して成功しています。銀行の考え方は根拠のない屁理屈だったわけです。

余談ですが、九八年、ゴールドマン・サックスのスタッフに、当時建設政務次官だった遠藤利明議員の友人がおり、「再開発ブームの話、面白いから彼に説明に行こう」と言われ、遠藤議員に説明に行ったことがありました。

先日、約二十年ぶりに遠藤議員にお会いしたら、なんと私のことを覚えており、こう言われました。

「アトキンソンさん、あのときに再開発ブームが来ると予言していましたが、見事に当たりましたね」

話を戻すと、トータルプランの委員会で、銀行はとにかく反対を言い続けました。私は、いまでも銀行の反論の真意がわかりません。言っていることのどこかに事実はあるけれども、分析をするとそれは例外的なものであったり、ごく一部の話であったりしました。銀行は屁理屈を言っているのか、あるいは馬鹿にしているのか、はたまたわざと細かい技術の話をしてごまかそうとしているのか……。

なんにしても、屁理屈にしか聞こえない発言の連発。しかも、彼らは頭がいいだけに屁理屈もうまく、あたかも「立派な反論」に見えてしまうからタチが悪い。

銀行の屁理屈には自民党議員や官僚ではなく、私がモグラ叩き的に反論していました。自民党、金融庁は現場ではないので、細かい問題点のことを言われてもわからないからです。

ただ、銀行には感謝しています。銀行がなにか屁理屈を言うたびに、私は持ち帰って銀行の主張におかしいところがないか分析しました。おかげで、かなり分析力、論理力が鍛えられた。

一方で、相手が政府だろうがなんだろうが、平然と嘘をつく銀行の姿勢はどうしても許せませんでした。

行員は頭がいいですから、「意図的に騙そうと嘘をついていた」と思います。どうして「意図的」かわかるかといえば、私が反論したときに開き直るからです。銀行の利益だけを考えていたとしても、当時の銀行は本当に不誠実でした。

結局、銀行の長年の反論に答えるべく、トータルプランによって、銀行が債権放棄をせざるを得ないような法整備が進められ、担保不動産を処分させられました。それによって、不動産市場がバブル時代にできた巨額の借金から解放され、再出発できるようになった。当時を振り返ると、戦後日本の金融体制というのは、金融再生トータルプランができた九八年七月をもって終わったような気がします。そして、そこから新しい金融体制がスタートするのです。

金融再生トータルプランがまとまった翌年の一九九九年、銀行への公的資金注入が行われます。公的資金＝税金ですから、銀行は政府の言うことを聞かざるを得ません。政府は銀行にコスト削減や利益改善などを指示しました。

当時、銀行は〝贅沢な〟不動産を数多く所有していました。青山など一等地に社宅があったり、軽井沢や京都に接待用のゲストハウス、役員用の別荘があったりしましたが、政府の指示でこれらはほとんど処分されます。国は民間よりもビジネスがうまくないと言われていましたが、国が銀行の経営に介入したことで、利益率は上がっていきます。といっても、国の経営能力が特段優れていたわけではありません。これまでの銀行の経営があまりにお粗末だったから、国の常識的な経営によって「少しマシ」になっただけのことです。

当時、不良債権の担保となっていた不動産を手放しても、買い手などつかないという声が国内に根強くありました。ゴールドマン・サックスは、「まず、うちが不動産を買うことで、買い手はいることを市場に示そうじゃないか」と考えており、本社からも、「短期的に損してもいいから不動産を買え」と強烈なプレッシャーをかけられていました。本社は日本の不動産購入に対して強気だったのです。

銀行が手放した不動産をアメリカの企業が購入していたことから、こんな陰謀論が市場で囁《ささや》かれるようになります。

「米国政府が日本の土地を安く買うために、ゴールドマン・サックスをつかって日本を陥れたんだ」

「日本の金融危機の裏にはユダヤ人が暗躍している」

しかし、この銀行の不良債権の最終処理に深くコミットしていたのは——アメリカ人でもユダヤ人でもない——私です。外から見ると、なにか大きな力が働いているように見えるのかもしれませんが、そういった事実はありません。

山一證券が倒れた時も、こんな批判がありました。

「アメリカ政府とヘッジファンド、ゴールドマン・サックスなどのハゲタカが結託して内部情報を国内外にリークし、倒産を仕組んだのではないか」

むしろ実態は逆で、あまり詳しくは言えませんが、国内からヘッジファンドに山一證券の内部情報についてリークがあったのです。

二〇一八年、バブル崩壊に乗じて土地を買い漁る海外ファンドを描いた『ハゲタカ』というドラマが放送されていましたが、インサイダーだった者からすると、首を傾げる点が多々あります。そもそもインサイダーだった人間は、テレビドラマになるような重要な情報は外に出しません。

九八年にゴールドマン・サックスが大和生命ビル（現日比谷U-1ビル）を買った時も、陰謀論めいたことを言われましたが、実際は全然違います。

ゴールドマン・サックスとしては、不動産を買うのは自分たちが儲けたいからではなく、硬直化した日本経済を流動的にするための手段でした。結果として、ゴールドマン・サックスのみならず、市場の活性化にもつながって問題解決にも貢献、広い意味でビジネスチャンスになると考えていたのです。そんな時、たまたま大和生命ビルが売りに出たので買っただけであって、言われているような陰謀論めいたことは何もありません。

私も個人的に銀行が手放した軽井沢の役員用の別荘を買いました。たまたま不動産屋の広告に載っていて、安くなっていたから買っただけのことです。軽井沢に別荘を建てたのはゴールドマン・サックス時代、銀行への公的資金注入が行われた時期です。そのタイミングで、ある新聞記事で「軽井沢はもう終わり。別荘を手放す動きが進む」という記事を見ました。日本ではこういう記事が出ると、さらに土地を手放す傾向が強くなる。私は、むしろ軽井沢の土地を買うにはいいタイミングではないかと考えていました。

そんな時に、不動産屋の前を通り、銀行が手放したい軽井沢の役員用の別荘予定地売却の広告を見つけたのです。別荘を購入した時、不良債権問題をいち早く指摘していた私だけに「自分が軽井沢の土地を買いたいから銀行に不良債権を吐き出させたんじゃないのか」と噂が流れましたが、そんなたいそうな事実は一切ありません。ただ、非常に安かったのは事実です。

不動産屋さんから提示された価格を分析すると、その四分の一が適正価格だった。適正価格を提示したら、その価格で売ってもらえただけです。銀行の売り手が誰かも知りません。およそ二千坪の敷地に別荘を一から建てました。

別荘は一階、中二階、二階というつくりにし、中二階に八畳の茶室を設けました。茶室だけは京畳にしましたので、家の設計は難しかったと思います。茶室は客が座るところだけ、丸畳をあげると掘りごたつになっており、懐石を出すときは掘りごたつにして利用します。

ただ、茶室でこだわったのはそれくらいで、それほど凝ったつくりにはしていません。なぜなら、軽井沢のロケーションが素晴らしいからです。

家の前には小川も流れています。別荘購入は価格も魅力的でしたが、この小川が決定打でした。当時、仕事に追われる毎日で、川のせせらぎによる〝癒やし〟が欲しかったのです。小川の前にはデッキをつくっており、お茶事ではそこで食事をとり、お茶を点てるのは茶室で、という形でたまにやっています。

別荘を建てるうえで、とにかく辟易《へきえき》したのは、設計業者が、お決まりのパターンで間取りを変えようとすることです。

別荘では二階にお風呂を設けようとしていました。ところが、設計業者からはこう言われました

「お風呂は一階にしたほうがいい」

また、当時、私はまだ三十代だったのに、「老後を考えたら、一階に水回りを持っていったほうが絶対にいいです」などとアドバイスしてきました。

建築に詳しい友人によると、二階に重い風呂があると、構造をしっかりしなくてはならないから大変だというのです。

ほかにも、お客様用の部屋のそばに風呂とトイレを、少し離れたところにある私の寝室のそばにシャワーとトイレをつけてほしいと言ったら、また反対されました。これも、建築に詳しい友人に訊いたら「水回りが離れていると施工が面倒なので、一カ所にまとめたいんだよ」と言っていました。

お金はこちらが出しているわけですから、別に工事費が嵩《かさ》もうといいと思うのですが、なぜか設計側が間取りを変えようとしてくる。

何度も説明して、最後は希望どおりの間取りにしてもらいましたが、やはり、供給者側の理論を痛感しました。

復活した不動産投資

先述したように、一九九八年にゴールドマン・サックスが内幸町にある大和生命ビルをおよそ五百億円で購入したことは、米外資系による不動産購入の先鞭をつけるもので、これをきっかけに外資系の不動産投資は加速していきます。

不良債権の最終処理は可能であり、日本の不動産は魅力的だということを世界の投資家にアピールするため、会社をあげて、実際に不動産を買う戦略が実行されました。

日本の大きな商業用不動産を購入するプロジェクトチームは、ゴールドマン・サックス米国本社の不動産グループから一人を東京に派遣してもらって、あとは東京の不動産・建設アナリストの村山利栄《りえ》さん、私の三人でした。

大和生命ビルを購入した際、不動産業界の人たちから、口々にこう言われました。

「日本の不動産運営は難しいよ。アメリカと違うから、外資系には無理。絶対に儲からない」

実際に不動産運営をやってみると、その杜撰《ずさん》な管理、運営の仕方に驚きの連発。

まず驚いたのは、テナントへのフロアの貸し出し方です。大和生命ビルでは、広いフロアをパーテーションで区切って、テナント側の「何平米借りたい」という要望に一〇〇%

沿うように貸し出していました。どのテナントも必要な広さだけ借りるので、フロアはまるで不出来なパッチワーク。ところどころにデッドスペースができてしまっていた。しかも、テナントが出た後に残ったスペースをそのまま貸すこともなく、またパーテーションの区切りもそのままなので、ますますパッチワークが悪化する。テナントが出ても整理されることはなく、この「パッチワーク問題」が次第に深刻となっていきました。

これではいけないと、貸し出し効率を上げるために、これまでのようにテナントが借りたいだけスペースを提供するのではなく、「その広さだとデッドスペースができてしまうから、そこも込みで借りて下さい」と、きちんと交渉しようと考えました。また、既存のテナントとも交渉して、フロアごとにデッドスペースのないように整理することが検討されることになりました。

しかし、ビルの管理をするスタッフに、テナントと交渉するように言うと、こう反論されました。

「テナントは、こちらの要望には応じませんよ」
「こちらの都合をテナントには言えません」
「交渉したことはあるんですか」
「ないけど、応じないに決まっています」

端《はな》から無理だと決め込んでいるのです。話にならないので、こちらがテナントに直接交渉すると、「ちょうどオフィスを大きくしたいと思っていたので、空いているスペースがあるなら自分たちが借りますよ」と応じてくれたり、別のスペースに移ってもらえて無駄なスペースを整理したりすることができたのです。実際にテナントと腹を割って話すと、非常に協力的だったことが記憶に残っています。

日本で長年仕事をしていると、よく見かけるパターンで、やってもみないで、最初から否定してなにもしない、ということがままあります。お客さんに訊いてもいないのに、なぜできないと思い込んでしまうのか、これは本当に不思議です。特に、お客様は良い人がほとんどなので、実際に相談すると、逆に思った以上に助けて頂くことが多々あるからです。

ゴールドマン・サックスは大和生命ビルの購入後、日本のゴルフ場も買っていましたが、そこでも似たようなことがありました。

一般のゴルフ場では、必ず一番ホール～九番ホールまで回る→ランチ休憩→十番ホール～十八番ホールまで回るというのが決まりになっていて、それ以外の回り方をゴルフ場は認めていませんでした。これでは、空いた時間に少しだけコースを回りたい人などのニーズに応えられず、非効率的です。

われわれが、一番ホールからでも十番ホールからでも始められるようにし、ランチ休憩も強制ではなく、自由にできるようにしようとスタッフに提案すると、こう言われました。

「これが日本のゴルフスタイルですから、変えることは絶対にありえません！　日本の文化ですから、アメリカのスタイルを日本人は受け入れません。日本のゴルファーにそのニーズはないです」

　ゴルフはこうあるべきなんだと熱く語っていましたが、「このスタイルしかありえない」と言われると、疑問です。ゴルフはそもそも、私の母国イギリスが発祥といわれているスポーツ。イギリス人の私に「ゴルフのスタイルはこうあるべきだ」と言うとは、なんて大胆不敵なのだろうと思ったものです。

　こういう時も、こちらが勝手に決めて推し進めるよりは、やはりお客さんに直接訊いて本人たちに確認したほうが早いですから、これまでのやり方を変更してもいいかどうか訊いてみました。すると、多くのゴルファーから、

「変えていいよ。調子よく回っているのに、必ずお昼休憩を取らされるから、それで調子が崩れちゃうことがよくあるんだ」

「いままでそういうルールだと思ってたいして疑問もなかったけど、いいんじゃない？」

　お客さんの過半数は、快くルール変更を受け入れてくれたのです。日本人は、あるルールに対して「黙認」はしているけれど、別に「肯定」しているわけではないのだな、ということがよくわかりました。消費者に聞かずに勝手に妄想した、供給側の「常識」と言われるものは、必ずしも正しくないのを痛感しました。

当時、ゴルフ場がどんどん潰れているなか、ゴールドマン・サックスが所有していたゴルフ場は、既存のルールや非効率的な管理を改善することで利益が伸びていきました。

大和生命ビルに話を戻します。

二つ目に驚いたのは、地下駐車場の管理です。駐車料金が一台あたり、かなり高かった。記憶は曖昧ですが、たしか月に十万円以上して、テナントの社長、重役しか使っておらず、利用率がほぼゼロ。

社長たちは駐車代を経費で落とせますが、一般の社員はとてもじゃありませんが、利用することができません。地下二階まであって何十台も駐車できるのに、これではもったいない。利用料金を下げて一般の社員も利用できるようにしようと考え、テナントではなくてもコインパーキングのように時間貸しもしようと考えました。

ところが、テナントの社長たちから猛烈なクレームが入った。

「私の車の隣に一般の社員が駐車するようになると、社長としての品格が下がる」

「知らない人間の車が隣に駐車するなんて嫌だ」

よく考えると、社長たちは価格設定によって、自分たちの専用駐車場という〝特権〟を手に入れていました。しかし、社長専用スペースにしては安く、相応の価格設定になっていませんでした。

そこで、ゴールドマン・サックスはこう提案したのです。

「わかりました。しかしそれでは本来、われわれがこの駐車場によって得られるはずの収入をドブに捨てることになります。もし社長だけしか駐車できない特権を維持したいのであれば、他の車を駐車させない負担も駐車料金に上乗せするので、社長のみなさんで負担してください」

そうなると、一台駐車するだけで月に百万円単位の駐車料金がかかりますから、社長たちはさらに激怒。

「もうこの駐車場は利用しない！」

「いまでも数台しか借りられていないので、やめてもらって結構です」

「もうこのビルから出ていく！」

「どうぞ、出ていって下さい」

結局、社長たちは出ていかず、利用料金を下げることを受け入れました。駐車場の利用率が劇的に上がり、ビル全体の利回り改善に大きく貢献しました。

三つ目に驚いたのは、ロビースペースの無駄遣いです。一階には広々としたロビーがあります。しかし、ただ広いだけでまったく活用されていなかった。これでは宝の持ち腐れですから、われわれはロビースペースにスターバックスを入れることを計画。スターバックスはゴールドマン・サックスのお得意先で、ロビースペースに出店する話はすぐにまとまりました。その狙いはテナントから収入を得るだけではなくて、スターバックスが入ることで他のビルの人も出入りして、ビルの活性化につながると考えられました。もちろん、新しいテナントの獲得にも有利なはずです。

ところが、これもテナントの社長たちから大反対に遭います。

「ロビーというのは、広々となにもないのがステータスなんだ。そこにカフェなんて入れたら、品格が下がる」

「商売くさいことはやめてくれ！」

「どこの馬の骨かわからんやつがロビーに出入りするなんて許せない」

同じように、コンビニをロビースペースに入れようとした時も同じことを言われました。

「コンビニなんて安っぽいものが入っていると格好悪い」

私たちは駐車場問題の時と同じように、「では、損益分を賃料に上乗せします」と言うと、みな渋々認めました。

スターバックス、コンビニを入れたところ、二店とも大繁盛。ビルの最上階にはレストランがあり、それまでは閑古鳥が鳴いていたのですが、ビルに人が出入りするようになったことでそこも繁盛し始めたのです。

スターバックスを入れたのは一九九九年。まだ物珍しかったこともあり、取引先に行くと、先々で「ロビーにスターバックスを入れたんだって？」と言われたのを覚えています。

当時はまだロビーにカフェやコンビニがあるのは一般的ではありませんでしたが、大和生命ビルが成功例となり、その後、ビルのロビーにカフェ、コンビニがあるのが普通になっていきました。海外ではロビーに商業施設が入っているのはすでに一般的でしたが、日本では大和生命ビルが先駆けだったのです。

こうして、ビル運営の問題点をどんどん改善していくことで、利回りは上がっていきました。

その時に痛感したのは、日本人は大きなビジョンを掲げるのは好きだけれど、目の前の小さな問題点についてはあまり目がいかないということです。

不動産業界からはよく、「大和生命ビルの運営改善は、外資系だからできたんだよ」と言われました。

しかし、外資系かどうかは関係ないと思います。先述したように、われわれは大きなビジョンを掲げたり、抜本的な改革を断行したりしたわけではありません。小さな問題に手を付けただけで、大きく利回りが改善していったのです。

「なんとかプラン」だとか、「何年までに大改革をする」というフレーズだけを大げさに発表したりすることなく、です。

大きな新プロジェクトは好きだけれど小さな改善には興味がない、その小さな問題に目がいかない日本人の性格は、いまも変わっていないように感じます。

たとえば、JR東海の東京—名古屋間を四十分で結ぶ巨大なプロジェクト「リニア構想」。

大きなビジョンを掲げること自体は否定しません。

しかし東京駅では、新幹線から在来線に行く改札の前に駅員が立って、「切符が出るから取って下さい」とアナウンスしている。

あの改札は、切符をとらなくても改札を通ることができてしまいます。切符は回収されてしまって、いざ在来線から出ようと思ったら切符がない……というトラブルが多いのでしょう。切符をとらなくても通れるというのは、その改札機の仕様が悪いということです。その欠陥を補完するために朝から晩まで人間が立って、口頭でアナウンスしています。

何年も前から、この状況は変わっていません。

切符を取ったら改札が開く仕様にすればいいのではと思いますが、そういう身近な地味な問題点の改善はせずに、「リニア構想」など大きな話ばかりしているのは不思議で仕方ありません。

あそこに立っている若い人は、完全に無駄な仕事を三百六十五日継続しているのです。無駄なだけでなく、若い人にも失礼で、日本の教育を社会に活かせていません。JR東海の幹部が、大事な日本人の労働力を尊重していない証拠です。

こういったことが多すぎるから、日本の生産性は向上せず、日本人の給料水準も上がっていかないのです。世界の観光客は新幹線の技術に感動しつつも、改札機の欠陥にも驚いています。

観光戦略でもそうです。

「日本の魅力を世界に発信するんだ！」「観光立国を目指せ」と大きなビジョンを持つことも必要ですが、大切なのは毎日毎日、目の前の小さな問題を改善すること。訪日観光客には「日本の魅力はどこか」を訊くのではなく、「なにか困ったこと」を訊いて、それを改善したほうが効果は大きい。

困ったことのアンケートを取ると、「洋式トイレが少ない」「Ｗｉ-Ｆｉが飛んでいない」「クレジットカードが使えない」「行きたい人はいっぱいいるのに、ビザの条件が厳しすぎて」等々、小さな問題がどんどん出てきます。

前から観光戦略はあったのに、二〇一二年からいきなり訪日観光客が増え出したことを不思議に思う人は多いかもしれません。なぜ急に変わったのか。訪日観光客が増加していたのは、こういった非常に地味な、けれど大事な問題を政府が改善しているからなのです。それは安倍政権の実行能力の高さを示してもいます。

以前にも同じような経験をしました。

農林水産省は農山漁村を訪れる外国人観光客を増やすため、「ＳＡＶＯＲ　ＪＡＰＡＮ」（農泊　食文化海外発信地域）事業を展開しています。地域が地元の農林水産物を使った「食」を核に、景観などの観光資源を組み合わせて観光ルートを農水省に提案。「ＳＡＶＯＲ　ＪＡＰＡＮ」に認定された地域は認定ロゴマークを使用して海外向けにアピールできる、というもの。

この認定の審査のため、以前、山形県米沢市を訪れたのです。

山形県の担当者の方は「米沢の食文化を世界に！」と意気込んでおり、その心意気は非常によかった。ビジョンはかなり感動する立派なものでした。

しかし、地道な作業を要する整備はどうでしょうか。いろいろ確認をしていくなかで、山形県の観光ポータルサイトを見て愕然としました。山形県の観光ポータルサイトは多言語対応を民間の自動翻訳システムに頼っているのですが、その英訳文がまったく文章として成立していないのです。

〈自動翻訳システムによる機械翻訳のため、必ずしも正確な翻訳であるとは限りません〉と注意書きはしているものの、ネイティブの私が読んでわからないような英文では、翻訳する意味がないですし、ましてや地域の魅力など伝わらないでしょう。

私は担当者にこう言いました。

「世界に発信する云々という前に、ホームページを自動翻訳に頼るのではなく、きちんとネイティブに書き起こしてもらって、多言語対応させるのが先ではないですか」

政府が掲げている「二〇三〇年までに訪日客を六千万人に」という公約もそうです。スローガンとして掲げるのは自由ですが、整備をきちんとしなければできるはずもない。

まず六千万人を呼び込むだけの交通手段、泊まるホテルが整っていないので、もっと整備に専念してもらわないといけません。

観光戦略は大きな目標を掲げるのは重要かもしれませんが、言うまでもなく、それを実現するための毎日の地道な作業が最も肝要です。いまの観光戦略が成功している最大のポイントは、ビザの緩和、免税店の増加、Wi-Fiの充実、クレジットカードの使用拡大、トイレの洋式化、文化財の保存活用、多言語化、国立公園の整備などです。目標は大事ですが、政権の実行能力が実績の鍵です。

世界の観光戦略の成功の秘訣は「customer experience」（利用者の満足度を向上させる取り組み）に尽きます。発信、ブランドなどではないのです。いまのSNSの時代では、観光資源そのものに投資して整備をし、観光客の満足度が向上すれば勝手に発信してくれる。派手なイベント、観光動画、ゆるキャラ、デスティネーションキャンペーン（JRグループ旅客六社と指定された自治体、地元の観光事業者等が共同で実施する大型観光キャンペーン）などのアピールは、遠い昔の時代遅れのやり方です。

なぜ、日本人は大きな計画と戦略は好きで、小さな問題を放置してしまうのか。

おそらく、人口増による高度経済成長時代の後遺症だと思います。人口が爆発的に増え、なにもしなくても経済は成長する。多少杜撰な運営をしていようが、問題なくやってこられた。何も実行しなくても経済は成長する。その感覚をいまだに引きずっているのではないでしょうか。

最終的に大和生命ビルは、元の所有者だった大和生命が五百九十一億円で買い戻します。九八年の取引の際、ゴールドマン・サックスが第三者に転売する場合には、大和生命が優先交渉権を持つ条項が付いており、大和生命はその条項を行使したのです。

ゴールドマン・サックスとしては、損を覚悟で買った大和生命ビルでしたが、結果的にはいい投資だったと思います。

不動産業界から「日本の不動産運営は難しい」と散々脅されましたが、思ったよりも簡単に利益が出たので、なんだか拍子抜けした気分でした。

巨大なデータベースを作成

一九九九年頃から、私は改めて実際に不良債権が全体でどれくらいあるのかを試算しなくてはいけないと考えていました。当時、銀行が開示している不良債権の数字は、信用できるものではなかったからです。

信用できない理由は二つあります。

一つは、不良債権の定義が、返済が滞っているかどうかだったこと。しかし、金利が低かったため、借りた側もなんとか金利の支払いはできてしまいますから、これでは実態が見えない。

もう一つは、銀行支店の保身です。支店は本店に不都合なことを伝えたくありませんから、どうしても不良債権の金額を過少申告する傾向がある。

不良債権の実態を調べるために活用したのが、事業の状況や財務状態、財務諸表が記載されている有価証券報告書です。以前は紙ベースでしたが当時はデータ化されており、簡単に入手することができました。

それをもとに全上場企業二千八百二十三社のデータベース作成を計画。さすがにそれは私一人ではできませんから、チームを結成し、一年かけて債務超過とおぼしき会社の設備投資額、売り上げ、利益率、どの銀行からいくら借りているかなどをチェック、大規模な分析を行いました。それによって不良債権と思われる統計的な特徴がわかりました。

その結果、導き出された不良債権の定義はこうです。

「有利子負債に対する営業利益率三・五％以下の企業を破綻懸念先債権、同三・五％から五％の企業を要注意先債権」

破綻懸念先債権といっても、明日にも倒産しそうなほどひどい状態でした。

破綻懸念先債権と要注意先債権への融資残高の合計（＝不良債権総額）には驚きました。三・五％までだと約百兆円。五％まで含めると、なんと百七十兆円。政府は不良債権の合計額は三十四兆円と試算していましたが、およそ三倍です。

膨大な企業の分析をして改めてわかったのは、銀行の言い分、あるいは市場の噂話には、なんの根拠もなかったということ。

三菱銀行は「うちの不良債権は少ない」「うちの貸出基準は非常に厳格だから問題ない」と言っていたわけですが、この分析で、その言い分には根拠がないことがわかりました。

たとえば、Aという会社に大手銀行が一千億円融資しているところを三菱銀行は九百億円融資しているくらいの違いで、相対的には少ないけれど、ほとんど変わりはなかったのです。たまたま問題企業のメインバンクになっていたことが少なかったのは事実ですが、他の銀行がメインバンクとなっている問題企業にも〝しっかり〟と巨額な融資をしていました。

この「不良債権総額百七十兆円レポート」を発表すると、金額が大きいだけに多大な波紋を呼びました。銀行株の株価はガクッと下がり、銀行からの抗議も多かった。

ずっと国民を欺いてきた三菱銀行からも「うちは健全だ！」と抗議されましたが、「じゃあ、この融資先はどうなんですか」とデータを示すと、「それは……」と口ごもってしまう。やはり、ごまかしていたわけです。

このデータベースによる分析は銀行だけではなく、金融庁もあまりよく思っていませんでした。金融庁が検査した結果を公表してもこちらのデータベースのほうが正確でしたから、「いや、データベースを分析すると実態はこうですよ」と言われてしまうからでしょう。

実際、そのデータベースを使うことで、どの会社が次に倒れそうか、だいたい予測できるようになりました。ゴールドマン・サックスの予測があまりに正確なので、嫌味か本気かわかりませんが、金融庁から「インサイダー情報を得ているのではないか」と言われたものです。

いくつかの投資家などから、データベースそのものを譲ってくれないかと言われたこともありましたが、データベースをつくるにはかなりの時間、コストがかかっており、強みでもありますから、そういう類の話はすべて断っていました。

ただ、データベースは特別な情報ではなく、オープンになっている有価証券報告書のデータを分析できるよう仕組みを作ったに過ぎません。だれでもやろうと思えばできるのに、だれもやらないというのは、日本によくある話だと思います。

熱意のあるお客さんが、個人でゴールドマン・サックスと同じようなデータベースをつくりましたが、不良債権の総額を分析したら、やはり同じような結果になったと言っていました。

「不良債権総額百七十兆円レポート」を発表してすぐに、メリルリンチのアナリスト、山田能伸《よしのぶ》氏と論争になりました。山田氏は私がなにかレポートを発表するたびに嚙み付いてくるアナリストで、そのときも私へのネガティブキャンペーンを展開してきた。

「アトキンソンは金融の基礎をわかっていない」
「キャッシュフローと返済能力は違う」
アナリストと銀行は非常に親密です。あくまで、これは私の憶測ですが、彼は銀行側の言い分を聞き、銀行の代弁をするような形で私に反論をしていたのだと思います。

山田氏はなにか意見があると、お客さんに一斉メールを送ります。私と共通のお客さんも多く、その人が私に彼のメールを転送してくるのです。私が彼の主張に反論を書いてお客さんに返信すると、お客さんは面白がってそのメールを山田氏に転送する。彼とのやり取りは、一日十数回、多いときで二十回に達したこともありました。

こちらとしては、すべての上場企業のデータをとって分析し、根拠もありますから、どんな理屈を言われても痛くも痒くもありません。

彼がよく使う論法があります。たとえば、私が「黒」、山田氏が「白」と主張していたとしたら、彼はある日突然、「私がかねてから『黒』と主張していたように……」と、いつのまにか主張をすり替えるのです。

「〝かねてから〟って、昨日まではそんなこと言っていなかったでしょう」

山田氏は〝かねてから〟の意味をきちんと理解しているのだろうか、と疑問でした。

そのときの論争でも、同じように「私がかねてから○○と主張していたように……」と、いつのまにか主張がすり替わっていた。山田氏は最後まで負けを認めませんでしたが、彼のすり替え論法は有名だったようで、共通のお客さんから、こう言われました。

「向こうはもう負けを認めたようなものだよ。〝かねてから〟と書いてあるからね。議論に負けそうになったときは、彼はこれを使うんだ」

あの当時、銀行の評価はアナリストの好き嫌いに依るものが多く、きちんと根拠、数字を示すアナリストは少なかった。ですから、オピニオンリーダーはだいたい決まっていて、私を含め数人。その数人の分析、レポートを、ほかのアナリストはあでもない、こうでもないと議論をする。

作家と評論家みたいなもので、私あっての山田氏の人気、山田氏あっての私の人気で、持ちつ持たれつのようなところがありました。

その証拠に、山田氏も人気アナリストランキングにトップとしてランクインするほど高い人気がありましたが、私がアナリストを引退した途端、あまり名前を聞かなくなってしまいました。

「私の復帰をいちばん望んでいるのは、もしかしたら山田氏なのでは」

冗談まじりにそう思ったものです。

しかし、山田氏とのやりとりによって、「なるほど、そういう反論があるのか」と刺激を受けたことが多く、それに意見することで、自分の論点を展開することができ、新しい視点をいくつも頂きました。山田氏に感謝しています。

話を戻すと、「不良債権総額百七十兆円レポート」は、「不良債権総額およそ二十兆円」「銀行の数は二〜四行で十分」など私がこれまで書いたもののなかでも、もっとも有名なレポートになりました。

不良債権総額の実態はいまだ不明ですが、現在わかっているだけでも百十兆円を超えています。最終的な損失額も全国ベースで百兆円前後だったと試算されています。三菱銀行を筆頭に銀行からはいろいろと言われましたが、あの分析はやはり、間違っていなかったのです。

不十分だった竹中プラン

不良債権処理では金融庁が二〇〇二年、竹中平蔵氏（当時、金融担当大臣）のとりまとめた「金融再生プログラム」（通称、竹中プラン）を発表します。

二年半で主要銀行の不良債権比率の半減を目指すというもので、世間はその大胆な方針に、もしかしたら不良債権問題が解決するかもしれないと期待しました。

しかし、中身を読んで、私は評価することができませんでした。表面的に見るともっともらしいですが、本質を摑《つか》めていない、不十分な内容もあったからです。今となってその不十分な内容はどこまで竹中氏の考えを反映していたかを疑います。

竹中プランには竹中三原則と言われる原則があります。一つ目は資産査定の厳格化、二つ目は自己資本の充実、三つ目はガバナンスの強化。

たしかに、概念的にないよりはあったほうがいいものばかりですが、金融再生をするにはそれだけで十分というものではありません。

たとえば、「資産査定を厳格化しよう」と書かれているのですが、その査定方法として「DCF法を採用する」とありました。素人から見て、厳格化は必要に感じるでしょうし、横文字だから、「なんかすごいな」という錯覚もあるでしょう。しかし、これには問題がありました。

先述したように、金利の低い日本でDCF法は通用しないものですし、そもそも金融危機の最大の問題は会計処理の問題ではなく、不動産に対して過剰な金額を貸したことが根本的な問題でした。担保不動産を流動化できるかどうかがカギで、会計処理をどうしているという問題ではないのです。

もちろん、どういう貸出債権が不良化しているか、どう会計処理をしているかは大切ですが、それを厳格化したからといって、根本的な解決にはつながらない。

自己資本（返済する必要がない資金）の充実も同じ問題です。担保不動産を流動化するために、自己資本が充実しているとやりやすいですが、充実しているからといって、根本的な解決をしない限りにおいて、ただ単に決算短信の見栄えが良くなったにすぎません。

ガバナンスの強化も同じです。ガバナンス強化に大きく期待することは日本人の特徴だと思います。すぐにアメリカとの表面的な違いに目がいって、アメリカの真似をしたがる。社外取締役制度さえつくれば、すぐにアメリカのように企業の業績が戻るなどと期待します。ガバナンスを強化しないより強化したほうがいいですが、特効薬ではありません。社外取締役制度はあったほうがいいでしょうが、選定された社外取締役は皆お友達で、厳しいことを何も言わないのであれば、当然何の効果もないのです。

竹中プランは、金融危機の本質は担保不動産が塩漬けとなって、日本の経済資源が有効に使えない状態にあるという意識が不十分で、本質を摑めていなかった。

DCF法を採用しようと主張している時点で、この竹中プランは実現性に欠けることは明らかですが、決定的だったのは「貸し渋り・貸し剝がしホットライン」の創設です。

貸し渋りとは、企業から融資を申し込まれた時、銀行が渋ることを言います。

貸し剝がしは、すでに融資しているおカネを期限前に返済してもらうことで、すでに貸し付けているお金を引き剝がすので「貸し剝がし」という言い方をします。

竹中プランにはこうあります。

〈中小企業が、今回の一連の措置や金融検査マニュアルなどを理由に、金融機関から貸し渋り、貸し剝がし等の不当な扱いを受けた場合に、金融庁に直接通報できるよう、ファックスやEメールの受付窓口を金融庁内に設ける……通報された内容を吟味した結果、重大な問題があると判断される場合には、その金融機関に対して報告を徴求（要求）するほか、必要があれば検査を実施し、適切な行政処分を行う〉

経済原則として、問題のある企業、ゾンビ企業に融資して延命させるようなことはしてはいけませんが、竹中プランはそういった企業の相談にのる、場合によっては銀行に通達することもある、というのです。

しかし一方で、こうも書いている。

〈過剰供給問題や過剰債務問題に正面から取り組むべく、産業・事業分野が供給過剰になっているかどうか等について政府としての指針・考え方をまとめるとともに、安易な企業再生に政府の「お墨付き」を与えることのないよう適正な基準を定めることを、関係府省に要請する〉

わかりやすく言えば、供給過剰で不必要な会社、債務過剰のゾンビ企業を淘汰しようと言っているわけです。後者の方針は、明らかに「貸し渋り・貸し剝がしホットライン」と矛盾しています。

普通に考えて、銀行が貸し剝がし、貸し渋りをするのは、リスクや問題のあるゾンビ企業。つまり相談にのる、手を貸すと言いながら、ゾンビ企業の排除を謳っている。

銀行にも企業にも「いい顔」をして、あちらを立てればこちらが立たずの実効性のないプランだったわけです。私は竹中プランをレポートでこう断じました。

「理想を並べ立てただけで、実現性はない」

ただ、この竹中プラン、世間からの評判は上々でした。

金融庁はゾンビ企業をなんとかするといって産業再生機構を設立し、ゾンビ企業の代表格だったダイエー、カネボウ、大京などの再生支援を行いました。これが世間的には金融再生プランの功績と評価されましたが、専門家からすればそういう評価はしていません。

ダイエーなどのゾンビ企業は、長期借入金という〝時限爆弾〟を抱えていました。融資には長期貸し出しと短期貸し出しがあります。短期は一年以内の融資です。短期融資の場合、期日が来たらそれをそのまま更新することができます。

長期借入金は返済期限が一年以上の借入金のことですが、短期貸し出しと違って、一兆円の融資を受けたとしたら、期日までに一度、一兆円を返さなくてはいけません。

バブルがはじけた時、こういった大企業は長期借入金で、なんとか延命しました。竹中プランが発表された二〇〇二年はバブルがはじけてから十年以上で、長期借入金の返済期限の迫っている大企業が多くあったのです。

もちろん、ゾンビ企業に返済能力はなく、返済期限が来る前にどうにかしなければいけないというので、ゾンビ企業の再建計画が相次いで発表されるようになりました。銀行は一九九二年に、「今後、経済は回復するから、短期を長期に変えて時間稼ぎをしよう」と時限爆弾を埋めました。

つまり、竹中プランが、こういった企業再生に手を付けようが付けまいが、遅かれ早かれ、なんとかしなければいけない運命だったのです。それをさも竹中プランの成果のように喧伝し、世間も竹中プランの成果のように錯覚したわけです。それどころか、ゾンビ企業の問題は未だに解決されていません。

結局、竹中プランは、私の指摘したとおり、大した成果はなく、不良債権問題は改善できませんでした。

当時は竹中氏との面識はなく、ご本人のご意見を聞く機会もありませんでした。実は二〇一八年七月、「朝まで生テレビ!」に出演した際、竹中氏とご一緒し、それが初めてでした。テーマは「激論! トランプ大統領と〝世界貿易戦争〟」。

日本人の生産性は低すぎる、もっと生産性を上げるべきだということに関しては同意していましたが、輸出の問題については意見が嚙み合わなかった。

この人口激減時代、日本はどうするべきかという話で、私はもっと日本は輸出を増やすべきだ、と主張しました。読者の方でも日本は輸出大国だと思っている人がいるかもしれませんが、実際は違います。日本は世界に比べて輸出が極端に少ない。

経済規模が大きいので、輸出総額そのものは世界四位と大きいのですが、一億二千七百万人の人口の日本の輸出総額は、八千二百万人しかいないドイツの輸出総額の半分に過ぎません。GDPに対して、世界平均の四一%に比べ、一六%しかない。一人当たりにすると、日本は世界四十位までランキングが下がります。実は輸出小国なのです。

これまでは人口が増え続けており、日本の産業は内需だけでやってこられましたが、人口はこれからガクッと減っていきますから、様々な産業は供給過多になります。日本は国内では捌けない商品を海外に輸出しなければ、いまの経済を維持できません。

ところが、竹中氏はこう反論してきた。

「世界的に見て、人口の多い国ほど輸出は少ない。米国だって輸出比率は少ないではないか」

私はこの発言を聞いて、竹中氏をはじめ日本のエコノミストは国際比較をする時、米国しか見ていないのだな、と思いました。たしかに米国の輸出量は少ないですが、米国は人口が継続的に増加しており、基本的には内需だけでやっていける国で、人口増加が止まった日本とはまったく条件が違います。

世界全体で見れば、輸出総額はGDPの四一%に相当している国がほとんどで、米国のほうがかなり特殊なのです。

もう一つの盲点があります。国際比較をするときに多く使われる基準は対GDP比率。対GDP比率はGDPという分母が大きくなればなるほど、導き出される数字が小さくなります。ここに問題がある。

アメリカの一人当たり名目GDPは日本の一・六倍、購買力調整しても一・四倍です。輸出額を分母＝GDPで割れば、GDPが大きいほど数字が小さくなる。だから、米国より日本の対GDP比率の数字がよくなるわけです。それだけをみていると、日本の輸出額を過大評価することになってしまいます。

その典型は日本の研究開発費用です。対GDP比率で世界三位と高く、米国は世界九位です。表面的に見れば、米国は短期利益至上主義で、日本は長い目をもって研究開発費を重視しているから技術大国だ、と言う学者もいます。

しかし、比率が高いのは分子が大きいか、分母が小さいかのどちらかです。米国は分母＝GDPが日本に比べて異常に膨らんでいる。研究開発費用を一人あたりで計算すると米国は世界三位で、日本は世界十位までランキングが低下するのです。

表面的な都合のいい国際比較をやめるべきで、学者も含め当事者はより多面的に、もっと本質を見極めた厳しい分析をし、改善するべきところを指摘するべきです。人口減少時代を迎えているこの日本ですから、なおさらその重要性を痛感します。

第四章　退職と第二の人生への助走

人生最大の危機

二〇〇一年、日本の金融システムに不良債権百七十兆円があるというレポートを出した頃、私は人生最大の危機に直面します。

二〇〇一年九月、ゴールドマン・サックスの調査部に金融庁検査が入りました。

金融庁検査とは、金融庁が金融機関の経営が規制どおりに運営されているかなど、その健全性を確かめるため、業務内容を調べる検査です。検査官が金融機関の本店や支店に立ち入り、関係書類をチェックしたり、役員らから事情を聴取したりします。銀行の場合、無理な貸し出しで不良債権が増えていないか、証券会社の場合、組織体制を確認したり、不正取引などの違法行為がないか調べ、問題があれば業務の改善や停止を命じることもあります。

当時は、この金融庁検査、対象となる金融機関への事前通告することはありませんが、〝阿吽《あうん》の呼吸〟といいましょうか、次にどこの金融機関に検査が入るかどうかは、どこかから漏れ伝わってきました。ところがその時は一切、情報がありませんでした。

また、調査部に検査が入るのは前例がありませんでした。検査官がターゲットにしたアナリストは私を含め三人いましたが、検査官たちはなぜか、真っ先に私のところに来ました。他の二人は形式的な検査対象だった気がします。

「資料を全部出してもらおう」

その時、ある推測が私の脳裡をよぎりました。「これは金融庁による、私個人への復讐ではないか」

私が不良債権百七十兆円レポートを書いたことで、銀行の株価は下がり、世界中からネガティブな意味で注目を浴びることになりました。

その頃、柳澤伯夫金融担当大臣（当時）が、ＩＭＦ（国際通貨基金）が以前から要請している特別審査について、前向きな意向を示しました。

不良債権の問題が拡大し、欧米の市場関係者の間で日本の金融機関の健全性に対する疑念が強まり、不信感が募っていました。ＩＭＦは実態がどうなっているのか調べたい、と日本側に特別審査を要請していたわけです。

特別審査を受け入れれば、日本の審査対象のメインは金融庁で、不良債権の実態把握や資産査定、金融機関の経営状況と健全性に対する指導面等々について評価されることになります。

特別審査を受けるというのは、金融の世界では不名誉ですから、金融庁のプライドを傷つけたに違いありません。金融庁は「アトキンソンが書いたレポートのせいで、金融庁の評価が下がってしまった。あいつをどうにかできないか」と考えたのではないか、という噂も市場に出回っていました。もちろん、憶測の域は出ませんが、可能性がないことはないでしょう。

検査官は皆、資料を押収するダンボール箱を持っていましたが、私のオフィスには、常に資料はない状態でした。私のスタイルとして、必要なデータ、資料はもうお客さんのレポートに組み込んでありますから、ファイリングが苦手なこともあり、資料などは手元にはほとんど残しておらず、全てパソコンに保存したり、データベースに入れたりしてありました。

「資料はありません。お客さんに送っているレポートがパソコンのなかにあるだけです」

「机の引き出しのなかも全部出せ」

私は資料だけでなく、無駄なものは持たない主義で、机のなかもほとんど空っぽ。唯一あったのは、茶道に関する本と温泉の雑誌数冊だけ。「一体、どこに隠したんだ！」「ですから、パソコンのなかにあるレポートぐらいで、それ以外はなにもありませんよ」「嘘をつくな！」

当時、ある証券会社が立入検査された際、〝見つかったらやばい資料〟を女子トイレに隠したという噂があり、そのことが検査官の頭にあったのでしょう。検査官は、私が資料を隠しているに違いないと決めつけ、なかなか信用してくれません。

その後、私への聞き取りも行われました。「インサイダー情報は持っているか」「はい、持っています」「いま認めたな！」

鬼の首でも取ったかのように喜んでいるので、丁寧にこう説明しました。「インサイダー情報を持っていること自体は違法でもなんでもありません。問題は、インサイダー情報を得たあとの処理の仕方です。ゴールドマン・サックスでは、インサイダー情報を得た場合、上司に報告し、絶対に外に漏れることがないように厳重に扱っています」「でも、いまインサイダー情報を持っていると認めたじゃないか！」「ですから、それ自体は違法でも犯罪でもなんでもありません」

検査官は、その後も私を挑発するような質問を続けました。あとから知った話ですが、挑発的に質問することで、逆上した相手の失言を狙うという検査官のテクニックだそうです。

しかし、そこは感情を出さず、冷静にいなさいというイギリス式の教育を受けた私です。検査官がどんな挑発的な質問をしても、冷静に対応しました。私があまりに淡々と答えるものだから、フラストレーションが溜まったのでしょう。逆に、検査官のほうが感情的になってしまう場面もありました。

金融庁検査によって、会社における私の立場は危うくなります。社内の反アトキンソングループが勢いづいたのです。

もともとゴールドマン・サックスのなかでも、私が厳しいレポートを書くことに対して疑問視する声はありました。「インベストメントバンク（投資銀行）が、お客様でもある銀行に耳の痛いことを言ったり、当局を刺激したりするようなことをやる必要はない」「なぜほかの部署との利害関係を無視して、自分のやりたいようにやるのか」「調査部の中立性は、そこまで会社として守るべきものか」

何度も書いているように、私は銀行に対して、手厳しいレポートを書いては凄まじい反発を受けていました。それによってゴールドマン・サックスの営業部が、ある銀行から出入り禁止になるなど大変な目に遭っており、私のことを疎《うと》む人間が少なからずいたのです。なかには、あまり営業能力がなく、「アトキンソンのせいで営業成績が悪いんだ」と、私をある意味利用する形で、反アトキンソングループに属していた人間もいたと思います。

そういった反アトキンソングループと、もともと私を支持しているグループの対立が、金融庁検査によって一気にヒートアップしたのです。

私としては会社にいづらく、まだ三十六歳と若かったこともあり、精神的にもかなり追い込まれていきました。

金融庁検査が入ってから、日経新聞をはじめとする経済メディアに検査内容の情報が漏れるようになります。記者が独自に調べて得た情報なのか、当局がリークした情報なのか、はたまたゴールドマン・サックスの社員が漏らしているのかはわかりません。当然、ゴールドマン・サックスの社員はマスコミ取材を受けることが禁止されていました。しかし、内部情報が漏れた時、真っ先に疑われるのは私です。

上司からは、何度も「金融庁検査に関して、絶対になにも話すな」と釘を刺されました。調査部長も非常に政治的な人で、調査部に検査が入ったことで部長としての立場が弱くなるので、私に対する態度が日に日に厳しくなりました。

ところが、私はある失態を演じてしまいます。

ある日、会社の廊下を歩いていると、仲のいい日経の記者とばったり会いました。地方銀行の担当だった私の部下への取材で来ているというので、取材が始まるまでの間、応接間で少しの間、雑談をしていました。

私への取材ではないという安心からか、そこで記者に愚痴をこぼしてしまったのです。

「いやぁ、当局は本当に厳しくて、参っちゃいますよ。厳しいレポートを書いたことへの復讐ですかね」

取材の時間が来たので、記者とはそこで別れました。

翌日、日経新聞を開くと、わが目を疑いました。昨日、私が雑談で話した内容が記事に出ているのです。

〈「まったく仕事にならない」――。ゴールドマン・サックス証券の銀行アナリスト、デービッド・アトキンソン氏は友人たちにぼやいている。（中略）アトキンソン氏への検査は「金融庁の意趣返し」だという声がもっぱらだ。同氏は銀行の不良債権問題に厳しい姿勢を取り続けてきたことで知られる。金融庁は日本がＩＭＦ（国際通貨基金）による調査という「不名誉」を被った原因を外国人アナリストのせいにしているというのだ〉

（日経新聞、二〇〇一年十月六日）

一応、第三者からの伝聞の形で書かれてはいますが、あきらかに私が情報源であるとわかる記事。読みながら、血の気が引いていきました。「あれだけ上司にしゃべるなと言われていたのに、これはまずい……」

案の定、会社に行くと大騒ぎ。コンプライアンス部門の人からは呼び出されて、徹底的に聞き取り調査を受けました。「いつどこで、その記者と会ったんだ！」「事前にアポはあったのか！」「その記者と会った理由は！」

件《くだん》の記事で批判をされた金融庁も、カンカンに怒っているという。

さらに、私を支持してくれているある国会議員が記事を読み、金融庁に「一体、どういうことだ！」とプレッシャーをかけたとの噂があり、さらに大事になっていきました。

庇《かば》うわけではありませんが、記事を書いた記者は、私を嵌《は》めようなどという意図はなかったと思います。その記者とは仲が良かったので、弱い立場に置かれた私への援護射撃のつもりだったのでしょう。

しかし皮肉にも、その援護射撃の記事が私の立場をさらに悪くしていきました。

窮地に陥ったちょうどその頃、ゴールドマン・サックス社内で「新パートナー」選出が控えていました。

パートナーとは、四万人近くいるゴールドマン・サックス社員のなかでも、数百人しかいない役職。上場するまでは共同出資者と呼ばれていて、大変な富が手に入ります。役員よりもさらに上の立場で、実際に会社を動かしているのはパートナーです。権限だけでなく、当時、報酬も最低年間給与約二億円と桁違いで、パートナーになることは、社員にとって一つの目標でした。

新パートナー選出は二年に一度行われ、現パートナーたちが数カ月かけて選出します。ちょうど選出の時期が迫っており、私の直属の上司であるアメリカ人のA部長は新パートナーの候補になっていました。

このことが、さらに私をめぐる社内対立を激化させる要因になります。

A部長は社内政治には長けており、自分の派閥や支持を固め、なんとかパートナー候補まで上り詰めました。

ところが、部下である私が問題を起こしたことで、「彼には管理能力がないのではないか」とパートナー候補から外れる可能性が出てきた。A部長はなんとか私のクビを切って挽回し、再びパートナー候補に滑り込もうと画策します。

私からみてこのA部長は、それほど能力がある人には思えませんでした。彼は八〇年代、ニューヨークで鉄鋼のアナリストをしており、のちに東京支店に来ます。一応、鉄鋼業界のアナリストとしては有名だったようですが、八〇年代の鉄鋼市場は日本が独占しており、アメリカは衰退の一途。かたや私は、世界第二位の経済大国である日本の金融市場で仕事をしている。世界最大の時価総額を誇る金融セクターを担当していたわけです。

それほど大きなマーケットを分析していると自負していた私としては、「アメリカとはいえ、衰退している小さな業界しか分析したことのないアナリストを、どうして東京支店の調査部長に据えるのか。ニューヨーク本社は日本をバカにしているのではないか」

そんな怒りすら湧いたほどです。

そのため、私とA部長の関係はあまりよくなく、彼の言うことを聞かないこともしばしば。彼からしたら生意気な部下だったでしょうが、私の売り上げが大きい分、なにも言えませんでした。彼にとって、私は目の上のたんこぶだったと思います。

投資家からの絶大な支持

A部長は、私を追放するためにあれこれ画策しますが、私には顧客である投資家たちから絶大な支持があり、なかなかうまくいきません。

多くのアナリストが分析のための分析、銀行に取り入るための分析ばかりしているなか、私はアナリストとして、「お客さんを儲けさせること」を信条としていました。

丁寧に分析すると、適正価格よりも高かったり、低かったりする株があります。私はこの株価はおかしい、これが適正な株価だとレポートを書いて、株が上がるはず、下がるはずと書くわけです。その分析が高確率で当たるから、どんどんお客さんの支持は高くなりました。お客さんがついてくればくるほど、説得力があればあるほど、ますます予想が当たりやすくなります。影響力が増すのです。

どういうことか。マーケットでよくあるパターンなのですが、私がこの株は二〇％上がるはずだと分析すれば投資家が殺到するので、実際にその株は高騰することが多くなっていたのです。

分析が当たるから、ますますアトキンソンの言うとおりにすれば儲かる、と支持者が増えていきます。

分析が当たる↓お客さんが動く↓分析が当たりやすくなる↓分析が当たる↓お客さんが動く……というサイクルが生まれ、一時期は「アトキンソンがマーケットを動かしている」とまで言われるようになりました。しかしちゃんとした理屈がなければ、株価は動きません。私が動かしているのではなく、動くきっかけ、理屈を発信していると言ったほうが正しいかもしれません。

当然、上がると予想した株が全てそのとおりにはなりませんから、私はいつもお客さんにこう説明していました。「私は自分が担当している銘柄のなかからピックアップして推奨しているだけで、全部当たるわけではありません。おそらく、打率は六割くらいでしょう。しかし、そのピックアップしたなかからお客さんがさらに選別すると、確率はもっと下がります。ですから、なるべくフィルターをかけずに、私が推奨した銘柄をそのまま買って下さい」

社内ではなく、お客さんを味方につけておくというのは、リスクヘッジでもありました。たとえ社内的によくない立場になっても、お客さんとのパイプが太ければ、転職先として別の会社を紹介してもらえる可能性が高いからです。

A部長としては、それも気に入らないところでした。普通のアナリストは、お客さんとそこまで太いパイプはありませんし、マーケットが動くような影響力のあるアナリストはほかに数人しかおらず、クビを切りづらかった。

私をめぐる社内の抗争は激化していきました。

当時、ニューヨーク本社の社長や役員など、重役たちから応援の電話がかかってきました。「私はあなたを応援していますよ」「君はリサーチ部門の中立性を守る盾だ。ここは負けずに踏ん張ってくれ」

ニューヨーク本社の役員会までも派閥ができていると説明されました。厳しいというか、客観的な分析を飾らずに発表することは、短期的に批判されても中・長期的にはプラスになると主張する役員と、取引先に不利な分析を控えようとする役員の派閥とがありました。

その電話があったことを、なぜかキャッチしていた東京の調査部長が、私の部屋に走ってきて、「今役員と電話でしゃべっただろう。電話したのか、電話を貰《もら》ったのか。なんと言われたのか教えろ！　なんと答えたのか」と焦っていました。この返答次第で、私への対応と態度を変えるべきかどうか、考えていたのだと思います。

あとになってわかることですが、こういった応援の電話にも政治的な意図がありました。重役たちのなかには、A部長にも応援の電話をしている人もいたようです。勝ち馬に乗って、自分の派閥争いに利用しようとする人も少なからずいました。はじめは、ただの私の処遇をめぐる争いだったのが、いつのまにか、複雑に絡み合う各々の派閥争いに組み込まれてしまったわけです。

昔、お世話になり、信頼していた東京支店の元支店長からは、こう忠告を受けました。「みんな、『君の背中を守っているよ』と言ってくるはず。でも、信用してはいけないよ。守っているというのはいろんな意味がある。あなたがピンチになった時、クビが切られるのも黙って見守っている人もいるんだから」

要するに、「私はあなたの味方だ」と言う人に限って裏切る可能性があるから注意しろ、というわけです。

たしかに、政争のど真ん中にいると、敵、味方の入れ替わりの激しさがよくわかりました。ある影響力のある人が「アトキンソンに味方しろ」と言ってみんな私に味方してくれたかと思えば、もっと影響力のある人が「A部長に味方しろ」と言うと、今度はみんなそっちに行ってしまう。しかも、一日のうちに何回も立場が変わる人もいますから、誰が味方なのか敵なのかわからず、私もノイローゼ気味になっていきました。

もし、負けたほうに味方をすれば立場が悪くなりますから、みな必死にどちらにつくべきか見極めようとしていました。A部長は地道に支持者を増やしていき、私の立場は日に日に悪くなっていきました。そしてある日、私は金融庁検査の時に取材を受けた件で、東京支店の社長から厳重注意を受けます。部長と社長と私だけが部屋に入り、注意されます。調査部長はここまで持ってくることができた嬉しさを必死に抑えようとしている感情が伝わってきました。社長に対するアピールがものすごかったからです。しかし、ここで私が何を言うかによって、彼の立場が弱くなることもあり得ます。特に社長は、もともと会社の自己勘定の売買をしていたトレーダーなので、利益に大きく貢献する私に同情しやすい。会社側から、弁護士が書いた、私の非と会社からの厳重注意の文書を読み上げた後に、社長から、言いたいことはあるかと聞かれ、弁護の機会を設けられました。

私は、ここで何をいうか考えていましたが、イギリス王室などの文化でもある「don't

complain, don't explain」という、小さい時から教えられた通りの対応をしました。つまり説明はしない、言い訳もしない、文句も言わない。黙って、「ありがとうございました」と言って部屋を出たのです。社長も調査部長も困って、「言いたいことがあるでしょう」「何か言ってください」と何回もコメントを求められましたが、何も言わない。調査部長が再度言うので、「適切な処分として、部長が考えて実行しているのだから、それでいいのでは？」とだけ言いました。

「辞めてやるよ」と言って、翌日から来ないという選択肢もありましたが、考えてみれば、それなら部長の勝ちだし、なぜ自分が辞めないといけないのかと思ったので、翌日から黙って会社に行き、普通通りに仕事をしていました。部長はなんとなく私の出方を気にしていて、近くでウロウロしていましたが、「無視」作戦を実行していました。

その直後のボーナスの査定では、いつもの半額にされていました。それを調査部長に言われる時にも、「どうですか」と聞かれましたが、「部長はこれで適切だと思って決めたのでしょう」と言って、部屋を出ました。

これは、ゴールドマン・サックスではクビを切られるプロセスに入ったことを意味します。私は悟りました。「ああ、もう長くこの会社にはいられないな……」

後日、社内のミーティングがあり、A部長のほうを見ると、いかにも勝ち誇った顔をしている。「この勝負は俺の勝ちだ！　お前のクビを切るのは時間の問題だ！」

そう確信していたのでしょう。

私は、ミーティングでは一言もしゃべりませんでした。毎日、黙々と仕事に専念して、部長が意見を求めてきても、「時間がないから、他の人に聞いてください」と社内的な政治に関わらないようにしていました。朝、部屋に入って、営業マンとだけ話して、仕事が終われば、黙って家に帰る。会社の中で交流する人を、仕事に必要な最低限の人々だけに絞りました。

そして、調査部長の首切り作戦をつぶすための戦略を実行に移しました。私はある〝超〟大物投資家に一本の電話をします。その人は、とてつもない金額を運用している世界でも指折りの投資家で、ゴールドマン・サックスの最大のお得意様の一人でした。

自分で言うのもなんですが、彼が投資家としてそれほどの地位を確立することができた理由のひとつは長年にわたって儲けさせた私の分析があったからで、私を大変、応援してくれていた。一時は毎日のように電話で雑談するほど仲が良かった、抜群の信頼関係でした。

お世話になったので、最後の挨拶を兼ねて、あわよくば転職先を紹介してもらおうとその投資家に電話をしたのです。「厳重注意を受けて、ボーナスも半額にされ、クビにされるプロセスに入りました。たぶん、会社にいられるのは、あとわずかな期間です。本当にお世話になりました」「そうですか。残念ですね。わかりました」投資家は短く、そう言って電話を切りました。「思ったよりもあっさりしていたな……」。

しばらくすると、ニューヨーク本社の重役から電話がかかってきました。「なぜかわからないが、私の与《あずか》り知らぬところで、社内政治にアトキンソン君を巻き込んでしまったようだね。私の不注意だ。本当に申し訳ない。厳重注意を受けたらしいけれど、気にしないでくれ。私のほうで全部片付けるから」

それから一カ月も経たないうちに、新パートナーの発表がありました。メンバー表を見ると、A部長の名前がない。

漏れ伝わってきた話によると、大物投資家は私との電話を切ったあと、ニューヨーク本社に電話したといいます。「どうも東京で、アトキンソンのクビを切ることになっているようです。われわれ投資家としては、よほどの理由がない限り許せない。リサーチ部門の中立性を守ろうとしていた彼を、金融庁検査程度のことで切り捨てるのであれば、私はそんな会社と付き合いたくない。おたくの会社との取引はすべて切らせてもらいます。その理由も公開します」

しかも、東京支店の取引だけではなくて、全支店との取引を切ると言う。その投資家はゴールドマン・サックスとしては、上から何番目かのお客様でした。

それで慌てた本社が私のところに電話してきた、というわけです。

先述したとおり、その大物投資家はゴールドマン・サックスのお得意様中のお得意様ですから、取引がなくなれば売り上げに悪影響が出ることは目に見えています。「社内政治なんかどうでもいい。利益を減らしてはだめだ！」と、その投資家の電話によって風向きが一気に変わったのです。

A部長は私をクビにしようとしたことを徹底的に批判され、潰されたということでした。彼はのちにニューヨークに戻ります。東京では目立つ存在でしたが、急に存在感がなくなりました。ニューヨークの熾烈な競争のなかでは生き残れなかったようです。

金融庁検査の結果も出ましたが、リサーチ部門に対しては処分はなく、グループ会社のゴールドマン・サックス・アセット・マネジメントに業務改善命令が下る程度で、思ったほどのダメージはありませんでした。

金融庁検査に端を発した今回の騒動は、私にとって天下分け目の関ヶ原のような戦いでした。

多数派から批判を浴びる

大物投資家にかけた一本の電話によって、社内政争は決着しましたが、私は精神的に参っていて、ゴールドマン・サックスを辞めようかどうか悩んでいました。

実際、社内的に私の立場が悪くなっていることは業界でも噂になっており、引き抜きの話が数社から来ていました。

ただ、新しい会社へ移れば、人間関係など一からのスタートになります。それはそれで面倒ですし、せっかくここまで来たのだから……とゴールドマン・サックスに残ることにしました。

銀行は「二～四行で十分」、「不良債権百七十兆円」などに次ぐ、業界を揺るがすレポートを書いたのはその頃です。

二〇〇二年、不良債権問題がクローズアップされ、政府がきちんと処理をする流れができ、私がレポートで指摘してきたことが実行され始めました。

しかし一九九九年四月以降、日本の銀行の貸出残高はマイナスの一途。貸出残高の減少は民間企業部門からの資金需要が極端に冷え込んでいることの表れと、市場や金融機関では捉えていましたが、私には違和感があった。「今後、きちんと膿《うみ》を出していけば銀行の貸出残高は上向いてくるのではないか」

マスコミもアナリストも、貸し出しが減っている傾向は永遠に続くとの見方が一般的でしたので、貸し出しが純増するという見方は、衝撃的な意見でした。

自分の考えが正しいかどうか、分析をしてみることにしました。論点のポイントは、大多数の企業が貸し出しを減らしているのか、一部の企業だけが強烈に減らしているのかです。後者であれば、その企業の貸出残高が大幅に減少したあと、大多数の企業の貸し出し動向が表面化してくる。その際に大多数の企業への貸し出しがプラスであれば、強烈に減らした一部企業の返済が終わると、貸出総額は増加に転じるという理屈でした。

分析には以前、不良債権百七十兆円のレポートを書く時につくったデータベースを活用。全上場企業の事業の状況や財務状態、財務諸表が記載されている有価証券報告書をデータ化したもので、これのおかげで精度の高い分析が行えるようになりました。

分析の結果は予想したとおり。純減している貸出残高を「貸出総量の伸び」と「借入返済」に分けてみると、貸出総量は年約五兆円の増加で安定していたのです（ここでは、不良債権の債権放棄を返済とみなします）。

たとえば二〇〇〇年、国全体の貸出残高は三兆八千九十三億円減少していたなか、返済は九兆一千八百億円、貸出の増加は五兆三千七百七億円ありました。貸出残高が減少しているのは資金需要が全くないからではなくて、一部の企業による大幅な借入金返済のせいだったのです。

すべての企業が平均的に返済しているのか、一部の企業が巨額の返済をしているのかで資金需要の予測が大きく変わってきますから、借入金の返済の中身も分析してみました。

個別企業に踏み込んで分析していくと、借入金返済は一部の——バブル崩壊のあおりをダイレクトに受けた——企業（ノンバンク、商社、不動産、建設など）に集中していることもわかりました。こういった企業が返済している金額は極めて巨額で、大変なベース効果をもたらしていました。

分析では、このまま問題企業の債権放棄など不良債権処理が進めば、借金返済の減り、貸出の伸びが表面化、早ければ十八カ月後には貸出残高がプラスに転じるとの結論に至りました。

結局、貸出残高が減少している理由は多額の負債返済が行われているからで、日本経済全体の「資金需要がない」などというのは根拠のない話だったわけです。

私は分析結果をレポートにまとめました。「このままきちんと不良債権の処理を続けていけば、この一部企業の巨大なマイナス影響は次第に減っていき、十八カ月後に、銀行の貸出総額がプラスに転じる。そうすれば、その転換は株価に反映されないので、株価も上がる。いまこそ銀行株を買うべきだ」

これは旧来の考え方を覆す画期的な考え方でしたが、例によって、猛バッシングに遭います。「貸出残高が上がるなんてありえない」「銀行の貸出残高はバブル崩壊からずっと下がり続けている。今後も下がり続けるに決まっている」「日本経済は成熟しているから、資金需要はない」

日本のマスコミは、バブルのときは永遠に好景気が続くと思っているし、逆に不景気になると、このまま永遠に不景気が続くかのように思い込みます。いまのトレンドがずっと続くと錯覚する傾向があるから、こういう批判が出たのでしょう。

あの時、不思議だったのは、銀行からも批判されたことです。「銀行の株は買いどきです」と言っているのだから銀行は本来喜ぶべきなのに、なぜか批判されました。「貸出需要なんてないから、上がる見込みなんてない」「では、貸出の需要はまったくないのですか。まったくないのだとしたら営業マンは必要なくなりますから、クビを切らなくちゃいけませんよね。こちらはデータベースをもとに分析した結果です。あなたは思い込みで言っているだけでしょう」「しかし、日経新聞によると……」「あなたは銀行員で、インサイダーでしょう。なぜ、日経新聞の報道を信じるんですか」

銀行員は多数派の意見に凝り固まっていて、自分たちのことにもかかわらず、まったく内実が見えていませんでした。当時、銀行は自分たちに関するデータや統計を持っていなかった証です。このために自己分析ができず、銀行員でも、日経新聞を読んでいる一般の人と変わらない現状認識でした。

二〇一九年現在、厚労省の統計に問題があったと話題になりましたが、政府がEBPM（エビデンス・ベースド・ポリシー・メイキング＝証拠に基づく政策立案）を掲げるようになったのも、ここ二、三年のことです。統計は作成していましたが、それを真面目に見ている人はあまりいなかったので、おかしい統計になっていたことに気づいていたとしても、気にしていなかったのでしょう。

誰も使わない統計は形だけの統計で、あまり意味をなしません。しかし、いまはEBPMの普及によって統計の重要性がますます高くなっており、以前よりも統計の不備が指摘されることが多くなりました。今後、統計の不備はさらに出てくるでしょう。私はGDPの統計でさえ、再検証する価値が高いと考えています。

EBPMの普及以前は、感覚的なイメージだけの話が多かった。生産性の議論もそうでしょう。少し前まで、日本人はなんとなく生産性の高い国というイメージを持っていましたが、データを見れば、生産性も未だに先進国では最下位なわけです。

本来、アナリストにとって何がいちばん大事かといえば、株価などのトレンドの転換点を見極めることです。毎日上がり下がりをするなかで、長期的なトレンドを見極める。そのために数字の分析をするわけです。数字の本質を追求して、市場が見落としている部分があるかどうかを見つける。

ただ、日本人アナリストの考え方は独特で、「いかにその業界に詳しいか」をアナリストの価値と考えていました。

日本人の顧客も、「知識を多く持っている＝優秀」という意識が強く、「アナリストAよりもアナリストBのほうが業界に詳しいから信用しよう」という感じだった。だから日本人アナリストは知識の豊富さを競い合い、私から見れば知識の自慢大会のようなことばかりしていました。

しかし、彼らはいまある数字に詳しいだけで、その数字が持つ意味合いを見て分析しないから転換点は予測できず、基本的には起きた事象への解説しかできません。いくら後知恵で解説しようが、顧客にとっては利益につながりませんから、あまり意味のないことです。

一方、私はトレンドの転換点がいつ来るかにしか興味がありませんでした。普通は持っている知識をどう活用すれば将来の予測に役立てられるかを考えるのですが――日本とイギリスの教育の違いかわかりませんが――日本のアナリストの場合は知識を蓄えるだけで、それで将来を見通そう、役立てようという気概が見えない。

私の海外のお客さんの多くは、日本人アナリストのことを「新聞記者と同じだ」と言っていました。ほとんどが本当の意味での分析をせず、開示されている数字、データに詳しくなるために関係者に取材するだけだからです。

もちろん、取材すること自体は否定しません。ただ、取材している銀行マンがきちんと自分の業界分析をできていればいいのですが、先述したように「日経新聞によると……」と一般人とさほど変わらないから、有益な情報を得られない時代でした。少なくとも当時の銀行は、データはあっても、分析をする体制にはなっていなかった。

レポートを出したあと、毎月、貸出残高のデータを検証。すると、少しずつですがマイナスが減って、ほぼ予測したとおり二十カ月後、銀行の貸出総額はプラスに転じました。

これもまた「予想どおり」、日本人アナリストたちは、なぜプラスに転じたのかを、後知恵でこう〝解説〟していました。「不良債権の処理が進んだことによって景気が回復。それによって資金需要が増えた」

しかし、そんな事実はありません。不良債権の処理が進み、巨大なマイナスがなくなったことで、もともとあった健全企業による資金需要が表面化して、全体がプラスに転じただけなのです。

私は独自のデータベースを使いましたが、そのなかに入っているデータ自体はすでにオープンになっているもの。地道に銀行の取引先を分析していけば、誰でもできた分析でした。

私はアナリストとして、二十年間ずっと多数派と違うことを主張してきました。普通は多数派が正しく、一部がおかしなことを言うものですが、あの時代は逆で、私一人が真っ当なことを主張し、多数派がおかしかった。なんとも不思議な構図だったのです。

もしかすると、それはいまも変わっていないのかもしれません。

大逆転の勝利

二〇〇三年、ゴールドマン・サックスは、不良債権処理に手間取っていた三井住友銀行に約一千五百億円の出資を行いました。

その時、例によって陰謀論的な話が出回りました。「アメリカ政府から命令があったに違いない」「三井住友銀行を裏から操ろうとしている」

しかし、事実はまったく違います。

ゴールドマン・サックスの三井住友銀行出資は、昔の恩返しの意味もありました。

一九八六年、ゴールドマン・サックスは問題が続出し、危機に陥った時、手を差し伸べてくれたのが住友銀行でした。そのことがきっかけとなって、住友銀行とは親密な関係になります。加えて、住友銀行と合併したさくら銀行とも、もともと関係が深かった。三井住友銀行は二つのお得意様が合併したわけですから、出資するのは自然な流れだったのです。

ただ、出資を発表したタイミングが、私が「銀行株を買うべきだ」とレポートを書いた直後だっただけに、いろいろと勘ぐられました。面白いことに、反応には国によって違いがあった。

日本とイギリスからは、「アトキンソンのレポートは、三井住友銀行への出資を見越したものだったのではないか」「会社の儲けのためにやっているだけでしょう」といわれました。

一方、香港やシンガポール、アメリカでは、「ゴールドマン・サックスが魅力を感じて自己投資をするくらいならば、自分たちも真剣に考えるべきだ」という反応が多かったのです。

三井住友銀行に投資するにあたって、政府絡みの話も、アナリストの独立性への不信も、事実ではありません。三井住友銀行への出資は、相当前から両社の間で検討されていました。しかし、そこに私はかかわっておらず、どのタイミングで出資するか知る由もなかった。私は独自に分析し、買い推奨を出しただけなのです。

もちろん、ゴールドマン・サックスとしては私のレポートを判断材料にはしたでしょうが、私がインサイダー情報を使ってレポートを書いたなどといわれるのは心外でした。散々批判されましたが、予想に反して、その後、銀行の株価は私がレポートを発表した時の半値（あくまで短期的にですが）くらいになりました。

その時、私はレポートで以下のようなことを書きました「一九八九年、バブルのピークだったときは、皇居の土地価格で、カリフォルニア州が買えると言われた。その後どうなったかは、わかりきった話だ。

いまは、アメリカのシティバンクの時価総額が、東京海上などの損保株を除く、日本のすべての金融機関の時価総額よりも大きくなっている。前者の例を見るまでもなく、これもおかしい。いまがチャンスなのだ。

すべての金融機関が倒産レベルの株価になっていたので、どこが残るかはわからないが、数社くらいの大手は残るはず。そのなかで一つか二つでも残れば、大変な利益になる」

明らかに日本の金融機関の株は安すぎたのです。しかし、ある日を境に株価が底を打ち、徐々に上がっていきます。

なぜ、銀行株は上がり始めたのか。

ロンドンに大物投資家がおり、彼は私を非常に信頼してくれていました。ただ、以前に私が「銀行株は大転換を迎えますから、いまが買いですよ」と説明した時は、彼なりにいろいろ検討しており、踏みとどまっていました。

銀行の株価が半値になったところで、改めて彼と電話で話しました。先述した分析を紹介しながら、「半値になる前の株価でも魅力でしたが、半値になったことで、魅力が倍になりました。いまがチャンスですよ」「わかりました。買いましょう」

大物投資家は私のアドバイスどおり、銀行株を買い始めます。東証が始まる九時から、午前中の全ての売りを拾って買い、午後は出来高の半分を購入して欲しいと言われました。他社のトレーダーたちも、「どうも大きな買い手がいるようだ」と少しずつ高値注文を出しますが、それでも投資家は買い続けます。翌日も同じように買い続けたら、徐々に銀行の株価が上がり始めました。

しばらくすると、大きなニュースが飛び込んできます。りそな銀行の実質国有化です。二〇〇三年五月、金融庁はりそなHD、りそな銀行に対し、業務改善命令を発令。りそなHDは一兆九千六百億円の公的資金の申請を行いました。これまでの拓銀、長銀、日債銀のケースとは異なり、りそなグループへの公的資金注入が実施された際、株主責任は問われなかった。

アナリスト、投資家たちはこう考えました。「りそな銀行の実質国有化によって、今後の大手銀行の破綻は事前の公的資金注入により未然に防止され、株主責任は不問で株の価値はそのまま保全される、つまり株が紙くずにはならないお墨付きを政府が与えた」

それまで、「銀行株なんて上がるはずがない」「このまま下がり続けるんだ」と私を批判してきたアナリストたちが、今度は次から次へと銀行株の買い推奨を出したのです。

大物投資家の大規模な買いによって上がっていた株価は、さらに加速度的に上がっていった。

大物投資家によって株価が反転したのは厳然たる事実なのですが、当時、ほかのアナリストたちは株価が反転した理由を「りそな銀行の実質国有化によって、銀行株は反転した」と主張していました。後知恵でしか物事を考えられないアナリストの典型的な例だと思います。

数カ月経った時点で、銀行株は買ったときの五倍にまで高騰、いつ売ってもいい状態になりました。

私と大物投資家は、どこで売ろうかと毎日のように連絡を取り合い、ベストなタイミングを見計らっていました。売り時で参考にしたのは、ある日本人アナリストです。

銀行株がピークになる寸前、あと一割くらいは上がるかもしれないというタイミングで売り推奨をやめて、買い推奨を出したアナリストがいました。二十万円で買った株が百十万円になっていく間はずっと売り推奨を出して、百万円が百十万になると予想すると、いきなり買い推奨を出す。そのアナリストはいつも「予想を外す才能」を持っており、「この人が買い推奨を出したのなら、もう売り時だろう」と大物投資家に伝えました。

翌日、大物投資家は買い占めていた銀行株を全て売却。とてつもない利益が出ました。大儲けしたのは、大物投資家だけではありません。社員である私が銀行株を買うべきだと言っているわけですから、それと反対のことをゴールドマン・サックスはできません。「言っていることとやっていることが違うじゃないか」と言われてしまうからです。私の予想が的中して会社に貢献したことは、ゴールドマン・サックス内でも広まっていきました。

その頃、シンガポールでゴールドマン・サックスの全役員を集めた大規模な会議があり、私も出席しました。金融庁検査の問題で懲戒処分を受けた私は、処分以降、村八分的な扱いを受けていました。「アトキンソンと会話しているところを見られるだけでもまずい」という雰囲気で、本当に仲のいい人しか私に話しかけてきません。完全に孤立していたのです。

ところが、周りの態度が一変します。

会議が始まる前、社内政治で私と敵対していた人たちが腰を低くしながら――まるでそんなことなどなかったかのように――挨拶にくるのです。「いろいろと大変でしたね。私はずっとアトキンソンさんを裏で応援していたんですよ」

まるで英雄扱いなのです。立ち回りが上手な人というのは、本当に自分勝手だなと思いました。

会議でもすごかった。社長が突然、私の名前を呼び、立たせてこう言いました。「アトキンソン君は銀行株の動向を見事に的中させ、ゴールドマン・サックスに大変な貢献をした。全員、彼に大きな拍手を！」

会議室に万雷の拍手が響き渡りました。

イギリス人の国民性といいましょうか、おだてられるのがあまり好きではないことに加え、これまでの対応とのギャップにめまいがしたのを覚えています。

私はゴールドマン・サックスのなかで、一度、それなりの地位まで行き、金融庁検査で地獄を見ました。そして、二年と経たないうちにまた英雄扱い……まるで、ジェットコースターに乗っているような気分でした。

パートナーに選出されず

二〇〇二年、私はゴールドマン・サックスとして最高の出世であるパートナー選出に向けて動き出します。その当時、私は身の振り方について悩んでいました。百年に一度あるかないかの巨大な不良債権問題。その処理と改革のど真ん中にいて、提案してきたことが実現し、ある程度、解決に導くことができました。また、銀行株の値動きを的中させ、顧客、会社に莫大な利益をもたらしました。一時は会社から懲戒処分を受け、厳しい立場に立たされたものの、おかげで、なんとか名誉を回復することができました。

アナリストとしての自分の役割はこれで終わった。そろそろ潮時ではないか——そう考えていたのです。

ただ、ひとつ懸念がありました。私は「パートナー」になっていなかったのです。パートナーとは、ゴールドマン・サックス独自の役職。役員よりも上の立場で、ゴールドマン・サックスの中心的な経営陣です。四万人近くいるゴールドマン・サックス社員のなかでも数百人しかいない役職で、権限だけでなく、報酬も年間給与も桁違い。パートナーになることは、社員にとって一つの目標でしたが、私はそれほど興味がなかった。

理由は二つあります。一つは、私は仕事にしか興味がなく、肩書なんてどうでもいいと思っていたこと。

もう一つは、パートナーになることで会社に縛られたくなかったこと。私は会社の方針でも、納得できなければ反発して従いませんでした。名誉とか肩書よりも、自分自身の独立性のほうが大事だと考えていた。

しかし、業界の人に会うたびにこう言われました。「ゴールドマン・サックスに長年勤めて、それだけの実績があるんだから、アトキンソンさんはパートナーなんでしょう?」

「いえ、なっていません」「え、なんでですか」

そのたびに、自分が肩書に興味がないことなどを、一から説明していました。会社を辞めても、「パートナーまでいったのでしょう」「なんでパートナーにならなかったのですか」と訊かれることは目に見えています。「いちいち説明するのは面倒なうえ、言い訳がましい感じもする。せっかく長く勤めたのだし、辞める前にパートナーになっておいたほうがいいかもしれない。それに、挑戦するプロセスのなかで、人間として学ぶこともあるのではないか」

やはり、オックスフォード大学に挑戦したのと同様、せっかくゴールドマン・サックスで働いている以上、世界的に一流と言われる大企業のトップになれるかどうかに挑戦すべきだと感じました。また、そのプロセスを体験することによって、組織というものを勉強し、選んでもらう難しさ、政治的なやりとりなども勉強できるかなと期待しました。役員会の内側から見た会社にも非常に興味がありました。そう考えを改めたのです。

パートナーは立候補制ではなく、二年に一度、パートナーたちがパートナーの選考をします。次の選考は二〇〇四年です。

私はパートナーの上司に訊いてみました。「一応、実績もあるのに、なぜ私はパートナー候補になれないんですか」「暗黙のルールがあるんだよ。このルールを自ら悟れない人は永遠になることはできない」「暗黙のルール？」「『パートナーになりたい』と公言している人でないとなれないんだ」

先述したように、私はパートナーには興味がなく、「なりたい」などと口にしたことはありませんでした。私は、二年後のパートナー選出に挑戦したい旨を上司に伝えました。上司は現パートナーのアドバイザー――しかも、パートナーのなかでも影響力を持っている人――をつけてくれました。

彼に、まずこう言われました。「そもそも、あなたは組織というものをわかっていない」どういうことか。

私は、部長や常務が提案した方針、プロジェクトに対して、自分が納得しなければ協力しませんでした。実際、私が反対したにもかかわらず、進めたプロジェクトはうまくいかなかったことが非常に多かった。だから、私は、プロジェクトを見極める能力があると自負していました。

しかし、アドバイザーからはこう言われました。「あなたは、部長や常務よりも、自分のほうが判断能力があると思っているでしょう」「そりゃあ、思ってますよ。納得していないものはうまくいかないことが多いですし」「それが間違っているのです。計画そのものに問題があるのではなく、あなたが協力しないからうまくいかない。因果関係が逆ですよ。一度、納得できないことであっても、自分が発案者くらいの気持ちで、リーダーシップをとってやってみてください」

そんなバカな、と半信半疑で話を聞いていたのですが、アドバイザーは「組織とはそういうものですよ」と言う。

要するに、そのプロジェクトは初めから失敗だったのではなく、私が協力しないのを見て、他の人も協力しないようになるから、私が失敗させているのだと言われました。

後日、部長が新たなプロジェクトを打ち出しました。内容はもう忘れてしまいましたが、あまりにくだらないものだった。役員会でも私は激しく反対しましたが、結局、やることになってしまった。

いつもの私であれば、無視して従わないのですが、今回はアドバイザーの言うとおり、自分が協力をするどころか、発案者であるかのように先頭に立って実行してみました。するとと驚いたことに、そのプロジェクトはうまくいったのです。これまで私が反発して、一切、参加してこなかった複数のプロジェクトにも参加。すると、オセロで一気に形勢が逆転するように、いきなりすべてがいい方向に転換し始めた。自分にはそれなりの影響力があること、私の静かな抵抗が計画つぶしになることを学びました。

アドバイザーの言うとおりだったわけです。彼は、うまくいった理由をこう説明してくれました。「あなたは自分の影響力を過小評価していたのです。力のある人ほど、下の者たちは、どの程度協力すればいいかを窺っています。あなたが目標を決めて行動すると、それに合わせて周りは動くから、無謀なプロジェクトも成功してしまうのです」

ゴールドマン・サックスでは、コミュニティ・サービスと呼ばれるボランティア活動を行っていました。小学生にバスケットボールを教えたり、地域のゴミ拾いをしたり、内容はいろいろです。

私は、それまでコミュニティ・サービスには一切、参加してきませんでした。普通の人よりも税金を納めているのに、なぜこれ以上、社会貢献しなくてはいけないのか。納税は最大のコミュニティ・サービスと考えていました。その税金を使って公務員などがコミュニティ・サービスをやればいいではないか、と思っていたのです。しかしパートナー選考では、きちんとこういった活動に参加しているかどうかも見られます。初めはいやいやながらも、参加し始めました。

ゴールドマン・サックスでは、コミュニティ・サービスの参加率が毎週、部署ごとに出され、この数字もパートナー選出に影響します。

私がこれまで参加していなかったためか、私の部署の参加率は、全世界の部署のなかでも低いレベル。そこで、参加を促すために画策します。影響力とはこういうことかと思いながら、ありとあらゆる手を考えて実行しました。

たとえば、月に数回、どの株に買い推奨を出すか検証する委員会があり、私はその委員でした。アナリストたちが、「なぜこの株が買い時なのか」をプレゼン、私が納得すれば買い推奨を出す。しかし、私は相手の主張の矛盾や欠点を指摘するのが得意でしたから、そう簡単にはお墨付きは与えません。

プレゼンする人に「コミュニティ・サービスに参加していますか」と訊いて、少々のプレッシャーをかけたりしました。いまならパワハラと言われてしまうでしょうか。

それでも参加しない社員には、出社するとすぐに参加の可否を確認したり、奥さんに参加していないことを伝えてプレッシャーをかけてもらったり、半ば強引な手も使いました。

すると、私の部署の参加率は急上昇。世界で唯一、参加率一〇〇％を達成したのです。

こうして二年間、人と組織の動かし方を学び、二〇〇四年、いよいよパートナー選出の時がやってきました。

パートナー選出は、統計上、ほとんどの候補は一回目の候補の時は落ちて、二年後、再び候補として名前が上がって選出されるのがパターンでした。選出される人の大半は二回目に候補に上がった人で、この人たちの多くはすんなりと当選します。席の数が決まっているリストの最後の人たちは、非常に政治的な部分が絡み、難航する。

たとえば、社員Aと社員Bがおり、もしパートナーになれなかった場合、会社を辞める可能性がA＝七〇％、B＝六〇％であれば、Aを選出する。トレーディングが強い会社ですから、そういうリスク回避の術は長けていた。

あれは忘れもしません。二〇〇四年十一月、新パートナー発表当日です。十一時に発表されることになっており、朝、会社に着くと、ある上司からこう言われました。「まだ発表前だけど、あなたはパートナー確定だよ。おめでとう」

ほかの役員からも前祝いとして、シャンパンなど贈り物をもらいました。

私の部署からは私と、私が嫌っていた部長がパートナー候補に上がっていました。同じ部署から二人が新パートナーになることはほとんどなく、私と部長、どちらかが受かれば片一方は落ちるだろうと見られていました。

今回の新パートナー選出はアトキンソンに軍配が上がった——周りの人も、私自身もそう思っていた。すでに落ちている人は割と早くから可能性がないと言われてしまうので、当日まで生き残っているということは、なれる確率が高いことを意味します。

そこで、パートナー発表の五分前、ニューヨークの会長——のちにジョージ・ブッシュ大統領の下で財務長官を務めたヘンリー・ポールソン氏です——から私宛に電話がかかってきました。

部長は、なぜアトキンソンのところに会長から電話が先に入ったんだと、自分の部屋の外の周りをウロウロし、落ち着かない様子です。

電話に出ると、こう言われました。「アトキンソン君、今回のパートナー選出だが、いろいろな事情があって、君は最後の最後に落ちた」

普通、新パートナーの発表は名前のリストが発表されるだけで、落ちた人に会長から直接連絡が入るなんて異例です。だから、おそらく本当に最後の最後の数分で落とされたのだと思います。

わが家にはこんな家訓があります。「決まったことに文句を言っても変わらない。泣いても、怒っても仕方がない」

会長はいろいろ話したかった様子でしたが、私は言いました。「お電話ありがとうございました。しかし、電話でお話ししても、別に事実が変わることはないので、お互いに忙しいから、このぐらいにしましょう」

これ以外、ほとんど言葉を発さず電話を切りました。

結局、新パートナーのリストには私の名前はなく、部長の名前が載っていました。

これはあくまで憶測ですが、私が選出されて部長が落ちれば、部長は辞める可能性が高かった。そのため、今回は部長を優先して選出。しかし、それでは私のメンツが立ちませんから、会長が直々に電話をしてきたのでしょう。

パートナーの上司は「なにかの間違いではないか」と言い、周りも信じられないといった様子でした。本当にショックで、机に置かれた大量の前祝いの品を見るとよけい虚しくなりました。

落ちた悔しさと、嫌いだった上司が選出された怒りで、新パートナー発表のあと、まだ昼前でしたが、私はすぐに家に帰りました。

GSの戦略的なやりかた

挑戦したパートナー選出の過程は順調で、発表される当日の朝にはほとんど当確と言われていましたが、最後の最後のタイミングで、社内力学によって、同じ部門の私の嫌いな部長が選ばれ、私は落選。

ゴールドマン・サックスは証券会社ですから、トレーディングにとても優れています。きっと、当落の境界線にあった私と、最後のタイミングで私の代わりにパートナーになった人を天秤にかけたとき、判断基準は二つあったと思います。ひとつは辞められたら困るほう、もうひとつは落としても辞めないほうです。

上層部としては、アトキンソンは一回目の挑戦。落としても、なだめれば納得してくれると考えたのでしょう。たしかに、一回目でなる人は少ないと聞きます。しかし、私の冷静過ぎる対応を見て、自分たちの判断は間違っていたのではないかと考える人が上層部にいたようです。

自分で言うのもおこがましいですが、私はゴールドマン・サックスにとてつもない利益をもたらしていましたから、私が辞めるとなると、私を落とした人間たちは責任問題になる。慌てて、私の引き止め工作に上層部は動き出します。

その日の夜、自宅で銀行の重役を接待していたら、再び会長から電話がかかってきました。内容は今朝とほとんど同じことです。「政治的な理由でこんな結果になってしまい、申し訳ない。一回目でパートナーに選出されるのは稀《まれ》なことだから難しかったんだ。次は確実に選出するから、信用してほしい」

会長と話したところで結果が覆《くつがえ》るものでもありませんから、「そうですか、ありがとうございます」とだけ言い、ほとんど黙っていました。

会長は励ますつもりだったのでしょう、こう言いました。「まぁ、人生はいいことばかりじゃないから。パートナーになってもならなくても、明日は太陽がまた昇る」

私はカチンときて、「いま、接待中なので、これで失礼します」と電話を切ってしまった。上層部としては、かなり焦ったと思います。怒っている人でも、きちんとコミュニケーションさえ取れれば交渉の余地がありますが、私のようにシャットアウトされると、打つ手がないからです。

後日、今度はニューヨークの調査部長から電話がかかってきました。ニューヨークの調査部長というのも、ゴールドマン・サックスではかなり上のポストです。彼女はこう言いました。「いまから飛行機で東京に行って、あなたの話を聞きますよ」「電話で話しても、フェイス・トゥ・フェイスで話しても、パートナーにならなかった事実は変わりません。移動の時間がもったいないから、やめてください」

私はそのまま電話を切りました。

次は、非常にお世話になった上司から電話がかかってきました。その上司はニューヨークにいるはずなのですが、いま出張で東京にいるから会えないかと言う。ゴールドマン・サックスは非常に戦略的な会社ですから、次は誰に電話させるか、戦略を練ったうえでの人選だったはずです。出張で東京にきたというのも嘘で、上の指示だったのでしょう。

お世話になった方だったので断れず、会うことにしました。「アトキンソンくん、君が直接、会長に会いたい、調査部長に会いたいということであれば、私が取り次ぐよ。どうする?」「パートナーのことは、もう決まったことです。私は別に、会長や調査部長に会っても意味がないと思います」

私が徹底的に突っぱねるものだから、上層部はさらに焦ります。しばらくすると、また調査部長から電話がかかってきました。「今回のパートナー選出の件は、会社として判断を誤った。君は会社にとって大切な人材だ。二年後のパートナー選出では、よほどのことがない限り、通るようにする。この約束は私が命にかけて守る」「そんな口約束、なんになるんですか。二年後にあなたがこの会社にいる保証はないし、約束を守るとも限らないでしょう。仕事があるので、この件の話はもうやめましょう」

しかし相手は、「次回のパートナー選出では必ず通すから」と食い下がります。私はこう言いました。「世の中、結果、行動がすべてです。あなた方は、私を大切な人材だといいますが、それならば、なぜ私を選出しなかったのですか。言っていることとやっていることが矛盾しているのではないですか。その場合、やっていることを真実と考えるべきでしょう」

調査部長は「そんなことない」といろいろ言い訳していましたが、何を言われても私は受け入れません。「会社を辞めようがどうしようが私の勝手でしょう。私を落とした時点で、あなた方にはそれを止める権利はないはずです」

次回のパートナー選出のために、また二年間、努力をしなくてはいけないし、選出される保証もありません。しかも今回は、ほとんど選出確実と言われ、仲間から前祝いまでもらっていたのに落とされ、大恥をかかされた。私のなかで、会社に対する信頼は切れていました。「身の振り方を決めたら、そのうちお伝えします」「辞められたら困る。それだけは勘弁してほしい」「困るのであれば、なぜ私を落としたんですか……」

堂々巡りのやり取りがしばらく続き、しびれを切らした調査部長がこう言いました。「われわれはどうしたらいいんだ。落とし所はどこか教えてほしい」

そのときは十月で、しばらくすると冬のボーナスの時期でした。「十二月のボーナスまで、結論を出すのは待ちましょう。会社の約束やただの言葉は信用できないから、その金額を見て判断します」「いくらなら納得するんだ」

私は、この発言に疑問を感じました。まるで主導権は会社にあるかのような言い方だからです。「いくらならいい」ということではなく、会社が金額を示して、私がそれを見て判断すると伝えました。「示された金額が、私に対するあなた方の〝正直な評価〟でしょうから、それを見させてもらいます。こちらからは金額を示すつもりはありません」

会社に対して、「言っていることとやっていることがズレているので、ボーナスの時に、その金額にあらわれた行動を見て、決めます」。先述したように、ゴールドマン・サックスはトレーディングに長けた会社。ゴールドマン・サックスであれば、私の頭に浮かんでいる金額を当てることができるでしょうと焚きつけて、電話を切りました。しばらくすると会長からも電話がきて、「次回のパートナー選出では必ず通すから」と、またさっきと同じ話をしてくる。「またか……」とうんざりし、すぐに電話を切りました。

私と上層部のバトルは、職場にも影響が出始めました。「アトキンソンを引き止めれば評価が上がる」というので、いままで話したこともなかったような人が、何人も寄って来るのです。忙しいし、無駄話に付き合う暇はないので、全員シャットアウトし、相手にしませんでした。

そして十二月、ボーナスの支給日がやってきました。嫌いだった部長に名前を呼ばれ、部長室に入りました。

すると、ニューヨークにいるはずの調査部長が来ている。調査部長は、私の嫌いな上司に席を外すよう指示。部屋には私と調査部長だけになりました。「今日は大切な日であると同時に、金額が金額だけに、私が直接、伝えにきました」

調査部長は、また「次回のパートナー選出では必ず……」と言っているので、「そんなことはいいですから、金額を教えてください」と促すと、部長が少し緊張しているのがわかりました。「……ドルです」

金額を言われた瞬間、胸をつかれました。提示された金額が、私の描いていた金額と全く同じだったからです。一ドルの誤差もありませんでした。もちろん、私は一切、金額のことは仲のいい友人にも話していません。やはり世界一のトレーディングの会社だな、と感動しました。

私が、なぜボーナスを見てから判断すると言ったのか。そこには戦略的な思惑がありました。年収がパートナーに近づけば近づくほど、次回、パートナーに選出される可能性が高くなるのです。

どういうことか。パートナーではない社員の給料には上限があり、それを超えることはほとんどありません。もし普通の社員がパートナーよりも給料をもらっているとなると、重役よりも平社員のほうが高い給料をもらっているようなもので、組織のバランスがおかしくなってしまう。

パートナー並みに給料をもらっている社員がいたら、その社員をパートナーにしないとバランスがとれなくなる。つまり、給料がパートナー並みになることで、選出される確率が上がるのです。パートナー並みの報酬になれば、本当にパートナーにするつもりかどうかが分かりますし、パートナーになったとしてもならなかったとしても、会社としては同じコストを払わなければならず、こちらは損することがない。

パートナーのなかでも、新人と重鎮では給料に差があります。新人に近い給料であれば席を蹴っていたかもしれませんが、提示されたのはパートナーでも重鎮に近い金額だった。

「あなた方の考え方はよくわかりました。お見事です」

そこで上層部とは手打ちとなり、調査部長はホッとした様子でした。

席に戻ると、「大丈夫だったか」と同僚たちが寄って来ました。私は一言、「お見事でした」とだけ言いました。

辞めても「伝説」を作る

二年後のパートナー選出で私が懸念していたのは実績です。不良債権問題などであれだけの実績を上げておきながら、パートナーになれなかった。この二年間に、それと同等以上の実績を出すことは無理だろうと心配していましたが、その後、会社側からこう言われました。「これまでのような実績は求めない。むしろ、君は実績がありすぎたことが、パートナー選出には障壁になっていた。君をパートナーにすることで、『わが社は利益至上主義なのか』と批判される可能性があったんだ。このまま淡々と仕事をこなして、大きな失敗やスキャンダルさえなければ、ほぼ自動的にパートナーになる」

そして二年後のパートナー選出では、予想どおり自動的に選出されました。「次回のパートナー選出では必ず通す」と言っていた会長と調査部長は、私が指摘したとおり、二年後には二人とも会社を去っていました。

ただ、あとから聞いた話ですが、二人とも部下たちに「アトキンソンを絶対にパートナーにするように」と言い残しており、パートナー候補リストの上位に私の名前を持ってきたようです（リストの上にいけばいくほど選出される可能性が高くなる）。彼らは、私との約束を忘れてはいなかったのです。

各方面からお祝いの言葉を頂きましたし、自分としては、オックスフォード大学に入れたのと同じくらい嬉しい気持ちでした。

パートナー選出は十月ですが、実際に就任するのは年明けの一月初旬。私はパートナーに正式に就任したその日、部長に「辞めます」と告げ、そのまま家に帰り、二度と会社に行くことはありませんでした。「なぜ、そんな突然に」と思われる方もいるかもしれません。

辞めた理由は主に二つ。一つには、会社への不満。これは前々からありました。たとえば、私は会社側に「調査部長をやらせてほしい」と何度も打診していましたが、会社側は聞き入れてくれませんでした。

調査部長のポストが空いたとき、私はすぐに手を挙げましたが、「日本の支店だから、日本人のほうがいいだろう」という理由で、私の後輩を調査部長に任命しました。アナリストとしてやりたい仕事はだいぶなくなっていたので、違う仕事をやりたいとお願いしてありましたが、それも叶いませんでした。

もう一つの理由は、自分が最も得意としていた産業構造分析は、金融危機と大合併時代を終えて、もう必要とされておらず、得意分野と業界のニーズが合っていないと考えていたからです。

そういった会社の対応への不満が積もり積もっての退社だったのですが、長年の過労とストレスによって体調もあまりよくなかった。

当然、会社から引き止めの連絡があとを絶ちませんでした。「長期休暇を認める。しばらく休んでもいいからやめないでくれ」

これまでは私の意見を聞き入れず、いざ辞めるとなったら引き止めるなど、あまりに都合が良すぎるでしょう。引き止めの連絡は一切、無視。会社への連絡は、オフィスに残っている荷物や退社手続きの書類を送ってもらうためだけで、最小限にしました。

晴れて自由の身となったわけですが、ゴールドマン・サックスにいた十五年間、ほとんど働き詰めで、家でゆっくり過ごす習慣がなく、最初は戸惑いもありました。

まずいちばん困ったのは着るものです。持っている服のほとんどが仕事用のスーツ。一週間のうち五日間は仕事をしていますから、私服は週末に着る数着しかありません。靴も革靴ばかりで、私服に履ける靴はない。私服を買ったのなんてはるか昔だから、最近の服はどこに行って買えばいいかわからず、途方に暮れました。

大変だったのは、ゴミの処理です。青山の家に引っ越すときは忙しかったため、荷造りから荷解きまで、すべて業者にお願いしました。ただ、引っ越してからも多忙だったので、一度も開けたことのない引き出し、棚がいくつもあった。これを機に、なにがどこにあるかを確認しておこうと一つずつ調べていると、ニューヨークに住んでいたときの服が大量に出てきたのです。

　引っ越す前の家のときですら、着たことのない服でしたから、ニューヨークから東京に引っ越したときから手つかずの服だったわけです。もう二十年近く前の服でサイズも合わず、すべて処分せざるを得ませんでした。

　台所も整理しようと、棚に入っていた缶詰をチェックしたら、これまた驚きました。十数年前に賞味期限が切れている。服と同様、前の家のときから手つかずのままになっていたのです。

　こうして家をくまなくチェックしていくと、大量のゴミが出てきました。まとめて出せればいいのですが、一度に大量に出すと近隣住民に迷惑がられますから、小分けにして、毎週毎週、少しずつゴミを処理していきました。

　仕事をしていたときの習慣が抜けないのも困りました。マーケットは九時に開きますから、証券会社の朝は早い。毎日五時半に起床して七時には出社、仕事を始めます。このリズムが体から抜けず、とくに用事もないのに、必ず五時半に目が覚めてしまうのです。仕事もないのに、こんな早起きしてしまってどうしよう……と途方に暮れたのを覚えています。

　もうひとつ困ったのは、友人がほとんどいなかったことです。何十年もずっと仕事に追われていたので、昔の友だちから連絡があっても会えず、忙しいのでこっちから誘うこともなかったので、だんだん疎遠になっていきました。わずかにいたのは茶道を通じて知り合った人たちくらい。週末だけでなく、毎日予定が空いているのに誰とも会えないというのは皮肉です。

ゴールドマン・サックス時代の顧客とは数人を除き、辞めてから一度も会っていません。証券会社に勤めていてなんですが、マネーゲームをしている人たちとは性格的に合いませんでした。

付き合いは長いので、私を親友のように思っている投資家がかなりいたのですが、私としては――彼らには悪いけれど――、もうマネーゲームが大好きな彼らには会いたくなかった。

親友に間違えられるのは、ゴールドマン・サックスの情報管理が徹底していたからです。アナリストのトップを走っていると、一日十四、五人のお客さんに会うなんてこともザラ。そのお客さんがどういう人なのか、いちいち覚えていませんから、面会する応接室のドアの前で、秘書に「このお客さんは結婚しており、子供は〇人いて……」とレクチャーしてもらっていました。

私はその情報をもとに、「奥さんは元気ですか」「お子さんはいくつになりましたか」などと話題をふる。お客さんは、「トップアナリストが自分のことを覚えてくれている！」と喜ぶのですが、なんのことはない。ゴールドマン・サックスが細かな顧客情報を持っているので、それを参考にしていたのです。

これはあくまで私の印象ですが、もちろんいい人はいますが、マネーゲームをしている外国人はとにかくカネに汚く、性格の悪い人が多かった。虚栄心がやたら強く、文化的な教養もない。妙にエリート意識が強かったのも鼻につきました。「人間なんて死んでしまえばみんな同じなのに、なぜこの人はそんなに威張っているのだろう」

そんな冷めた目で、私は彼らを見ていました。

たとえば、ある投資家は投資に成功して資産が大きく増えるたびに離婚、前妻よりも容姿のレベルが高い女性に乗り換えていました。

流行りにも敏感で、キャビンアテンダントが憧れの的となればキャビンアテンダントを口説き、アナウンサーが流行ればアナウンサーを口説き……女性を自分のステータスを高めるためのアクセサリーくらいにしか思っていない。人間としてはかなり腐っていると思います。

ただ、そういう人にすり寄っていく女性も女性で、年収や資産で男性を値踏みしていますから、お互い様でしょうか。

彼らは、虚栄心を満たすためならカネを惜しみません。六本木ヒルズのそばにマンションが建てば、そこの最上階を買う。ところが、数年も住まないうちにミッドタウンにマンションができると、「六本木ヒルズはもう古い」とまた引っ越していく。流行の最先端の場所に住んでいないのを恥ずかしいと感じるようです。

私自身、そういう派手な生活にまったく興味がありません。毎年のように高級車を買い替える彼らと、近所を自転車で移動している私とでは、価値観が合うはずもなかった。

幸い、ゴールドマン・サックスを辞めたあと、悠々自適の生活をしている同僚たちが何人かおり、私が会社を辞めたことが彼らに伝わると、向こうから食事に誘うようになりました。

ただ、彼らの話題はもっぱらゴールドマン・サックスの内情がどうなっているかで、私にはまったく関心がなかった。会社の話になると、私はいつも彼らにこう言っていました。

「あなたはもう部外者なんだから、関係のない話でしょう」

会社を辞めたあとも、「元ゴールドマン・サックス」という肩書をアピールする人が多いなかで、私は一切その肩書を使いませんでした。辞めた会社の威を借《か》るのが、なんとなく嫌だったからです。

社交的なパーティに呼ばれて、よくこんな会話になりました。「アトキンソンさんは、何の仕事をされているんですか」「いまはなにもしていません。無職ですよ」「以前はなんの仕事を?」「まぁ、いろいろやってました」

すると、「ふーん……」とまったく興味のなさそうな返事をされ、しばらくすると消えていきます。

反対に、そのパーティにいた元同僚が「ゴールドマン・サックスで働いていた」と言えば、「この人はカネを持っているのだろう」「すごい人脈があるに違いない」と、前のめりになって食いついてくる。

肩書がないとこんなにも世間の風当たりは冷たいのか、と思ったものです。

辞めてから、さまざまな人から「うちの会社で社外取締役をやらないか」と誘われましたが、全て断りました。引退したらなにもしない、と心に決めていたからです。

辞めた翌日からは日経新聞を解約、銀行株のチェックもしません。ぶらぶらしているうちになにかやりたいことが出てくるだろう、と漠然と考えていました。

仕事をしているときにできなかったのが国内旅行です。金融の世界にいると、六本木や大手町くらいにしか移動しませんし、出張といっても、基本的には都市部にしか用はない。狭い範囲、短い時間でしかその土地を巡ったことがなかったのです。ゴールドマン・サックス時代に、友人にいつも「あなたにとって、半蔵門から東は東北で、渋谷から西は関西だと思っているでしょう」と、私の行動範囲の狭さを馬鹿にされていました。

そこで、桜の時期の京都に行ってみたり、都内でも新宿には二十年近く行っていなかったので久しぶりに足を運び、入ったことのなかった新宿御苑に行ってみたりしました。

いままでほったらかしにしていた家の庭も手入れし始めました。庭いじりをしていると、それだけで半日使ってしまいます。ゴールドマン・サックス時代は、一日にかなりの仕事をこなしていましたから、かつての自分の生産性がいかに高かったかを、庭いじりを通じて知りました。

朝ごはんを食べたあと少し休んで、昼間は本を読んだり、庭いじりをしたり。夜になったら適当に寝る。そんなふうにして一日一日が過ぎていく。とても優雅な日々でした。

幸運なことに、私が退社したのは絶妙のタイミングでした。私が退社してから一年後、リーマンショックが起こります。ゴールドマン・サックスが上場する際、ストックオプション（株式会社の経営者や従業員が自社株を一定の行使価格で購入できる権利）で自社株を持っていました。退社した場合、半年以内にそれを売らなくてはいけないという社内規定があり、私はすぐに売却。株価はほとんどピークに近かったので、かなり利益が出た。

もし、退社が一年遅かったら、私が売ったときの四分の一くらいまで株価は下がっていましたから、かなり損をしていたでしょう。

リーマンショックを回避したのは、私だけではありません。実は、私のかつての顧客たちも回避していた。

私がゴールドマン・サックスを辞めたことを知ると、一部の顧客はこう考えました。「これまで、数々の予測を的中させてきたアトキンソンが、パートナーの権利まで投げ捨てて会社を辞めるなんて、なにかワケがあるはずだ」「きっと、この金融業界にとんでもないことが起こるに違いない」

顧客たちはそう勘繰って、持っていた金融株をすべて売り払い、難を逃れることができた。別の一部の顧客は、信頼していたアナリストがいなくなったので、銀行セクターには当面、投資を控えようと全て処分し、大変な損失を免れた人も多かったようです。

リーマンショックのあと、「あなたのおかげで助かったよ」と何人もの顧客から言われました。

ただの偶然なのですが、金融業界では「アトキンソンはリーマンショックを予測していた」と、まことしやかに語り継がれているそうです。

アナリスト時代、数々の予想を的中させ、伝説をつくってきましたが、アナリストを引退したあとも――偶然とはいえ――「伝説」をつくってしまうとは、思ってもみませんでした。

終　章　批判に答える

「総理のブレーン」の真相

二〇二〇年九月、菅新内閣が発足し、精力的に動いています。菅さんが総理の座についてから、世間から、「アトキンソンは菅総理のブレーンだ」というようなことを言われますが、そんな大げさなものではありません。委員会や会議などに呼ばれ、意見を言うことはあっても、菅総理と二人で会ったことは数えるほどしかない。

菅さんと出会ったのは、私が『新・観光立国論』（東洋経済新報社）を出した二〇一五年です。菅さんは私の本を読み、興味を持たれたようで、「一度、話を聞きたい」と連絡がありました。菅さんは勉強熱心で、話をすると、本当によくいろんな本を読んでいます。

その年の十一月、官邸主導で「明日の日本を支える観光ビジョン構想会議」が発足し、私も有識者として呼ばれるようになりました。観光ビジョン構想会議は訪日外国人旅行者数二千万人の目標達成が視野に入ってきたことを踏まえ、次の時代の新たな目標の設定とそのために必要な対応の検討を行う会議です。

会議は官房長官である菅さんが取り仕切っており、私も頻繁に呼ばれ、会議の場で分析と具体的な対策を提案しましたが、それ以外で菅さんと顔を合わせることは、あまりありませんでした。

私から見た菅さんの強みは二つあります。一つは、有効性の高い提案を見極める能力が極めて高いこと。

会議で、五つ提案を持っていったとします。こちらは、別に「絶対にこれをやるべきです」などと説明しているわけではないのに、菅さんは、必ずプライオリティの高い提案をピックアップする。しかも、瞬時に。

持って生まれた才能なのか、どんな難しい問題でも、毎回、「これは有効性が高いから実行してほしい」と私が内心思っている提案を、ピンポイントで見極めるので、不思議に思うほどです。

私は日本に来てから三十年間、さまざまな政権の委員会に参加してきましたが、菅さんほど、政策を見極める能力の高い人はいません。

また、問題意識が非常に具体的です。永田町では「クールジャパンで日本を世界一の観光立国に！」「AI技術で日本を世界一の国に」などと、ビッグピクチャーや流行り言葉だけ語られることが多い。そういったなかで菅さんは、そういったビッグピクチャーを実現するには具体的に誰が何をやればいいのか、に一番興味を示されます。

菅さんに会うと、提案を実現するための質問が非常に具体的で、「それを実行するためにはどの規制をどう変えればいいのか」というところまで、細かく話を詰めてきました。

かといって、誰かの意見だけを鵜呑《うの》みにすることもありません。

私は「菅総理のブレーン」「指南役」などと言われていますが、提案したものの、採用されなかった案も多々あります。観光戦略のなかでも、私が全く関わっていないものもたくさんあるのです。

菅さんは官僚や官邸のスタッフに調べさせたり、人に会ったりしながら、自分なりに検証したうえで、採用すべきかどうか判断しているのでしょう。

新聞に報道される首相の一日を見ていると、菅さんは毎日、さまざまな人に会って、話を聞いています。そのおかげで、首相の一日が安倍総理時代の倍くらいの長さになっている(笑)。

菅さんのもう一つの強みは、実行能力の高さです。

菅さんは採用した提案をすぐに実行、実現します。観光戦略を実現するにも日本文化を守るためにも、「きちんと文化財の保護・活用を進めるべきだ」という両輪政策が決まってから、すぐに文化庁のなかに組織改正が行われて、例えば、文化財を修理する部門は、文化資源活用課に変わりました。

部門をつくり、そこに人材を投入し、必要な予算もつける。また、観光戦略を実現するインフラ整備をする予算を充実するべく、「出国税」を導入して財源も作られる。

いまデジタル庁が話題ですが、観光におけるデジタルマーケティングについても取り組んでいます。

私が特別顧問を務めるＪＮＴＯ（日本政府観光局）では、ＳＮＳやインスタグラム、フェイスブックなどで、海外向けに訪日プロモーションを行っています。

しかし、一方的に情報を流すだけで、クリックした人の性別、年齢などの属性、ほかにどんなサイトを閲覧しているのかといった情報を分析できていませんでした。「二十代男性は、こういうことに関心をもっている」とわかれば、その層に向けてピンポイントで訴求力のあるプロモーションを打つことができます。
三、四年ほど前、私が会議で「日本はもっとデジタルマーケティングに取り組むべきだ」と提案したら、菅さんはその重要性を認識し、すぐさまＪＮＴＯ内にデジタルマーケティング部門を設置。さらにデジタルマーケティング部門をただ設置するだけではなく、そこで分析した情報を観光業界にも共有して活用できるようにもしました。
今はそれがデジタルマーケティングセンターにまで発展し、各省庁などの対外情報発信も一元化されて、その発信から発生するデータも集まって、分析されています。その分析は情報発信の効果を高めるために活用されて、外国人観光客の増加に直結していました。

これだけデジタルマーケティングを徹底的にやっている国は世界を見渡してもありません。すでにＪＮＴＯが海外のＮＴＯ（政府観光局）の基準となりつつあります。

安倍政権が発足した二〇一二年の訪日観光客は八百四十万人でしたが、二〇一九年には三千万人を超えました。歴史上、この短期間でこれほどの伸び率を達成した国はありません。ＵＮＷＴＯ（国連世界観光機関）の会議に参加すると、各国の人から「どうやって日本はあれだけ訪日観光客を伸ばしたんだ」と質問攻めを受けるほどです。

確かに、一部の報道にあるように、観光戦略は菅さんの前にもありましたが、訪日外国人の増加はあまりなかった。菅さんが力を入れてから、その潜在能力が確実に発揮されました。観光政策が、これだけ成功したのも、菅さんの実行力のたまものでしょう。

これまでだったら委員会をやって、ある提案が採用されても、しばらくすると知らぬ間にフェードアウト、雲散霧消《うんさんむしょう》していることがほとんどでした。一九九〇年代の金融危機を解決するために、政府は約十年、紙に書いた「戦略」を議論するだけで、実態はその問題を放置していたことは本書で見た通りです。なので、私は日本の場合、国策と民間経済はあまりつながっていない、国策が変わっても、企業などは変わっていないと思っています。

しかし、菅さんの場合は違います。採用した提案はかならず実行し、ものにする。政界だけでなくビジネスの世界を見渡しても、ここまで実行力のある人は稀有です。

中小企業改革問題の〝誤解〟

菅さんは外交経験がなく、不安視する声がありますが、私はそこまで心配する必要はないと思っています。

経済がうまくいっていない国は、外交もうまくいきません。イギリスのサッチャー政権を見れば分かります。七〇年代の経済の低迷によって、イギリスの外交力は大きく低下しました。しかし、経済力を回復させたサッチャー首相は外交でも十分な結果を残しました。外交力は経済次第の部分があるのです。

日本が経済的に最も勢いがあった一九八〇年代、日本は米大統領が就任するとまず初めに訪問する国でした。ところが、バブルが崩壊し、経済が落ち込むと、日本の優先順位はガクッと下がります。

経済がうまくいっていない国がいくら正論を主張しても、意見が通りません。中国、韓国が、いまあれだけ主張するようになったのは、経済が伸びているからでしょう。

もちろん、各国首脳とコミュニケーションをとり、良好な関係を築くことは大切です。しかし、経済をおざなりにしたまま外交を行っても、国益に叶《かな》うような結果は得られない。逆を言えば、経済をよくしていけば、自ずと外交力はついてくるということ。

菅さんは、まず経済優先の政策を打ち出していけば、外交については問題ないと思います。

その日本経済をよくするためにどうすればいいか。拙著などで再三主張していますが、最優先でやるべきは中小企業改革です。「足腰の強い中小企業」政策です。中小企業は日本の労働者の約七割を雇用していますので、日本経済を強くすることは中小企業が強くなることを意味します。その狙いは、日本人の給料を増やすことにあります。それも、人口減少に対応するためです。

中小企業、とくに小規模事業者が多い歪《いびつ》な産業構造によって、いまから日本経済が直面する課題に対応ができるようにする必要があります。平均して三、四人しか雇用していない小規模事業者は日本企業の八五％を占めます。小規模事業者の多くは国の優遇策で弱体化し、不適切な節税によって税金も納めない企業も多く、生産性も著しく低い労働者を最低賃金でしか雇わない、質の低い労働環境しか提供できない場合が多い。この問題は日本のみならず、どの先進国も近年悩まされている問題です。要するに、中小企業改革は大事な雇用元としての中小企業と労働環境、両方の改善です。

特に地方においては、一定の小規模事業者は必要ですが、こういった企業が日本経済の約三割を占めているし、大半は大都市にあります。あまりにも体力が弱いので、なにかアゲインストの風が吹くたびに、日本経済がガタついてしまいます。

だから、私は生産性がより高く、労働環境がよく、きちんと税金を納め、日本の国益に資する中堅企業を増やす、企業の成長を促進する政策に変えなければならないと主張してきました。

もともとこの主張に対する批判はありましたが、菅さんが総理になってからさらに批判が高まりました。

「菅総理のブレーンと言われるアトキンソンは、最低賃金を引き上げて、中小企業をつぶせと主張するとんでもないやつだ！」

私の主張がかなり大雑把な理解をされているようなので、改めて、ここで誤解を解いておこうと思います。

まず、私は「中小企業をつぶせ」と主張しているわけではありません。人口減少と社会保障の負担の激増に耐えられるよう、できるだけ多くの中小企業が、中堅企業に成長することを訴えているのです。

そのプロセスのなかで、後継者がいない企業にとって、これから成長が見込める企業に売却することも一つの選択肢です。結果として、学校の数、大企業の数、信用金庫・信用組合などなど同様に、中小企業の数は減り続けると予想しています。淘汰を訴えているわけではありません。淘汰をして失業者が増えたら、賃金を増やす戦略に逆行します。

〝不当に〟安い最低賃金

「アトキンソンは新自由主義者」という批判も笑ってしまいます。新自由主義者は絶対に最低賃金の引き上げには反対しますし、存在自体を否定するからです。私が最低賃金を経済政策として使うべきと論じている時点で、新自由主義者ではないことが分かります。

最低賃金の引き上げは、月刊『Hanada』二〇二〇年十月号でも指摘しましたが、生産性向上を促進し、国全体の産業構造を改善させる重要な政策です。

最低賃金が低いと、経営者は安く人を使えます。売上が低くても人件費を抑えられることで利益が出るから、経営者は頭を使わなくなる上、機械化やIT化など効率化のための投資もしなくなってしまう。最低賃金の低さが経営者を甘やかし、もっと高められるはずの生産性にブレーキをかけているのです。

実際、日本の最低賃金は先進国のなかで最低クラスで、購買力調整済みの絶対水準で六・五〇ドル。先進国最低であるスペインの六・三〇ドルに次ぐ低さです。

また、日本の最低賃金は〝不当〟に低く抑えられています。二〇一六年のWorld Economic Forumのランキングでは、日本の人材評価は世界四位で、人口の多い先進国で最高レベルです。にもかかわらず、最低賃金は先進国で最低水準ですから、「不当」と言って差し支えないでしょう。

最低賃金の引き上げは、世界の徹底的なデータ分析によって、雇用全体に悪影響は及ぼさないことが、さまざまなエビデンスからわかっています。

二〇二〇年七月、内閣府経済社会総合研究所が発表した最低賃金に関する報告書を見ても、最低賃金引き上げによる雇用への悪影響は確認されず、むしろ大企業、中堅企業の雇用は増え、生産性も向上しています。一方、小規模事業の雇用は減ることが確認されてもいます。

こう言うと、「やはり失業者が出るじゃないか。日本経済が大変なことになるぞ」と批判する人がいますが、そこに大きな誤解があります。企業数と雇用は必ずしもイコールではありません。

たとえば、一九九九年から二〇一六年の間に、小規模事業者を中心に日本企業は百二十六万社減っていますが、就業者数は逆に増加。安倍政権の間にも企業の数は継続的に減り続けていますが、雇用は三百七十一万人増えています。

すでに小規模事業者は減り続けているのに、雇用に対する影響はないのです。なぜ雇用に影響がなかったのか。詳しく分析してみると、小規模事業者の下で働いていた人々が、中堅企業に移動していることがわかりました。零細企業で働いていたときよりも付加価値の高い仕事に就くようになり、中堅企業は生産性が向上、より多くの人を雇えるようになり、雇用が増加したのです。職場としてより安定的で、給料も高い。

小規模事業者が減少し、雇用は増えるという現象は二十年続いており、コロナ禍でも、このトレンドは人口減少によって変わらないでしょう。一時的に失業者が出たとしても、中堅企業が受け皿となってくれるはずです。

批判のなかには、私が提案している中小企業の再編は失業者の増加につながるというような言説も見られますが、まったくの誤解です。

私は、雇用は維持しつつ、労働者を「集約」しようと言っているのです。淘汰ではないのです。

まず理解しておくべきなのは、労働生産性を決めるもっとも重要な要素は「企業の平均社員数」だということです。企業の規模が大きくなればなるほど、労働生産性が高くなるからです。これは経済学の大原則です。企業の規模が大きくなればなるほど生産性が高くなり、企業の規模が小さくなればなるほど生産性が低くなります。これは日本のみならず全世界で共通の大原則であり、大昔から知られています。

批判派の主張で多いのはこうです。

「三人を雇用する会社が千社あった場合、それを九百社に減らせば、三百人の失業者が出る」

先述したように、企業数と雇用はゼロサムゲームではありません。私は三千人の雇用を千社ではなくて、合併などによって、九百社に配分しようと言っているのです。三千社の雇用をそのままにして、九百社に配分するので、一社あたりの平均社員数は三・三人に上がります。小規模事業者はそもそも人手不足ですから、合併して人を減らす必要がないのです。

国全体の生産性はGDPを国民全体で割ったものです。それを分解すると、その構成は、GDPを労働者数で割った労働生産性と国民の中で就職している人を指す労働参加率です。要するに、労働生産性が千万円で、労働参加率が五〇％であれば、全体の生産性は五百万円です。

労働生産性を千百万円まで高めても、労働参加率が四〇％まで下がれば、全体の生産性は四百四十万円まで減ります。生産性は上がりません。

そもそも、日本経済を守るためにどうするか、全体の生産性を上げるためにはどうするのかという議論からスタートしている話なのに、失業者が大量に出て、日本全体の生産性が下がるような政策を私が支持するはずがないでしょう。

藤原正彦氏論文に唖然

しかし、メディアも学者も、なかなか私の主張を理解してくれません。

たとえば、藤原正彦氏（数学者）が『文藝春秋』（二〇二〇年十二月号）に寄稿した「亡国の改革至上主義」が典型です。

〈中小企業再編は、ＩＲと同じく菅首相が心酔すると言われるアトキンソン氏の次の主張

に乗ったものだ。（中略）（四）従って中小企業を税金その他で守ってきた中小企業基本法を廃止、中小企業を潰すべきである。〉

この論文を読んで唖然としました。私は中小企業基本法の「改正」は主張していますが「廃止」など言った覚えがないからです。製造業の企業は三百人になるまで優遇策が受けられるのに、サービス業の会社は百人を超えた途端、大企業とみなされ、優遇策は全面的に外されます。明らかに不公平ですから、中小企業基本法を改正して、どの産業でも中小企業の定義を五百人に拡大して、成長を促進するべきだと、私は訴えています。

何月何日に発行された、なんという媒体で、私が中小企業基本法の廃止を主張しているのでしょうか。証拠を示してもらいたい。

事実ではありませんから、『文藝春秋』編集部に抗議を入れました。

編集部から返ってきた言葉に、さらに唖然としました。

「藤原さんは、『廃止』というふうに解釈されたんです」

私が、「改正」と主張しているのか、「廃止」と主張しているのか、ファクトの問題であって、解釈の問題ではないでしょう。

しかし、いくら「訂正してほしい」と言っても、聞き入れられませんでした。『文藝春秋』といえば、日本の雑誌の代表です。そこがこんな対応をする。メディアの姿勢としていかがなものでしょうか。

また、『週刊文春』（二〇二〇年十一月五日号）の「『総理の指南役』アトキンソンとは何者か」で「MI6説も」の文字を見たときには、思わず噴き出してしまいました。記事では、私の自宅や別荘のことを、いかにもいかがわしい雰囲気を漂《ただよ》わせながら書いているのですが、なんてことはない。自分が会社員として稼いだおカネで、購入しているだけであっても、やましいことなど、なにもないのです。

私の中小企業問題についての考えは、本やネットにまとまっていますし、自宅や別荘を建てた時のエピソードも、本書の前段で詳細に書いています。

藤原氏にしても、『文春』にしても、きちんと私の本や記事を読んでいるのでしょうか。読まないで、批判しているのか、読んだ上で、誤解しているのか、それとも「アトキンソン批判は売りになる」と、意図的に誤解しているのか……。

日商は労働者の代弁者か

話を最低賃金に戻します。

最低賃金の引き上げの必要性を提言すると、日本商工会議所は必ず反対します。

会頭の三村明夫氏と、成長戦略会議で直接、お会いすることがありました。三村氏と議論することは初めてで、とても有意義な議論ができたと思います。

残念ながら、マスコミは会議の議論を「対立」などと書いてありますが、やはり私の考え方と三村さんの考え方と立場を理解していないと感じました。

私が最低賃金引き上げの効果を説明すると、三村氏はこう反論しました。

「最低賃金を上げたら、これがいいことばかりあって、生産性も上がるという議論になっているので、これはちょっとおかしいのではないだろうかと思っている。なぜならば、今の中小企業の問題の一つは、いわゆる労働分配率の高さで、特に小規模企業は八〇％以上ある。付加価値の大部分が労務費に取られているわけで、そこで生産性が上がらぬまま賃金を上げた場合に経営者はどうするかといったら、我々がアンケート調査で聞いたところの答えは、キャッシュマネジメント上、一時的には設備投資を削減するというわけである。設備投資を削減すれば、生産性の引き上げにはむしろ逆効果になる。その先に何が起こるかといったら、結局は倒産もしくは廃業が起こる」

「最低賃金というのは劇薬だと思う。最低賃金を上げれば一切の問題が解決するように言われるが、一方で最低賃金にはいろいろなマイナスもある。このため、我々はこんなに一所懸命、生産性をどう上げたらいいのかということを悩んでいるわけだが、最低賃金を上げたら魔法のように解決するなど絶対にないと思う」

この発言を理解するには、日本商工会議所の立場を理解する必要があります。

マスコミは、日本商工会議所の会頭である三村氏を「中小企業に勤める労働者の味方」のように取り上げますが、それは誤りです。日本商工会議所はあくまでも、中小企業の経営者の利益を中心に代弁する団体です（しかも、三百六十万社の約三分の一だけです）。労働者の代弁をする団体ではありません。経営者の考え方はあくまでも経営者の視点。もちろん参考にはするべきですが、鵜呑みにするべきものではないです。

調べてみると、世界的に、商工会議所は必ず最低賃金引き上げには反対しています。一九五七年でも、アメリカの商工会議所は、「最低賃金を一ドルに引き上げる事に反対！失業者が大量に出て、小規模事業者は人を雇うことが不可能になる！」という記事を以前、見つけました。

最低賃金を引き上げると、短期的に経営者の利益が減ります。社長はそれを取り戻すべく、苦労しないといけません。当然社長は反対します。しかし、給料が上がることは、人口が減る中で、唯一、日本の経済を支える個人消費を増やす要因なのです。

また、中小企業の生産性が低いという批判についてもこう語っていました。

「中小企業の労働生産性は大企業の半分しかなく、さらに格差は拡大している。これはそのとおりである。しかし、中企庁で製造業における大企業と中小企業の生産性の伸び率をビッグデータで比較分析したところ、中小企業の実質の生産性伸び率は大企業並みの三〜五％であるのに、取引価格のしわ寄せによって見かけは一％程度まで落ちていることが明らかにされている。しわ寄せが是正されても大企業・中小企業トータルの生産性は変わらないので、結局は日本全体で、さらなる生産性向上が求められていると認識している」

つまり、中小企業の生産性が低いのは、大企業から搾取《さくしゅ》されているからだ、というわけです。中小企業経営者がよく口にする主張です。

確かに、製造業では大企業に搾取されている中小企業が多いのは事実です。しかし、この事実は、中小企業の生産性の低さを説明するには、ほとんど力がないのです。

中小企業庁は、毎年、中小企業に関する統計をまとめた「中小企業白書」を発表しています。

これまでの中小企業白書は、ただ数字が並んでいるだけで、あまりにも役に立たなかった。しかし、二〇二〇年度版は違いました。素晴らしい内容です。

大企業の下請け企業のデータを細かに出しているのです。私が個人的に調べる場合は、当たれるデータに限界があります。一方、中小企業庁は「生のデータ」を持っていますから、私の分析よりも精度が高くなります。中小企業白書の数字はどうなっていたか。

なんと下請企業が日本企業全体に占める比率はたった「五％」。搾取は九五％の企業の生産性には関係がないのです。衝撃的な新事実です。

因果関係としては、製造業に関しては三村氏の言うとおりですが、全体の生産性の問題からすると五％の説明にすぎないものですし、そもそも日本の生産性を大きく低下させている飲食宿泊業や生活関連などは、下請けになっている企業の割合が一%以下。製造業は下請けの悪影響はあるものの、生産性は日本の平均に比べてかなり高いのです。

この搾取論は、ある現象を説明するために、あまり関係ない別の現象を無理に持ち込んだものです。因果関係としては弱すぎます。日本では、一つの特徴を一般化して、間違った結論を展開する、いわゆる「合成の誤謬《ごびゅう》」が蔓延していると思います。

私は生産性向上の視点から、日本経済全体の問題点を指摘しているだけですが、どちらかといえば、私の方が労働者の立場を代弁しているくらいです。

メディアを含め、多くの人が誤解していますが、先述したように三村氏は、あくまで中小企業〝経営者〟の代表であって、労働者の代表ではありません。

私と三村氏の意見が対立するのは、経営者と労働組合がぶつかっているようなもの。ごく自然なことです。もし、私が日商の会頭だったら、ひょっとすると三村氏のような主張をしていたかもしれません（笑）。

どの立場から言うかの問題で、どちらが正しい、間違っているということはないのです。双方の意見を聞き、どちらの意見をどの程度取り入れるのかは、政府判断になります。

菅さんがこの中小企業の低生産性問題に取り組むかはわかりません。しかし、この問題は、今後、誰が総理になろうともいつかは切り込まなければいけない問題です。

先述したように、菅さんは、これまでの政治家とは違って抽象的で具体性に欠けるような議論はしません。冷静、かつ客観的な分析に基づいた政策を確実に実行する。
菅さん、いや、菅総理なら、この生産性問題にメスを入れられると信じています。

【著者略歴】

小西美術工藝社代表取締役社長。奈良県立大学客員教授。三田証券社外取締役。元ゴールドマン・サックス金融調査室長。裏千家茶名「宗真」拝受。1965年、イギリス生まれ。オックスフォード大学「日本学」専攻。1992年にゴールドマン・サックス入社。1998年に同社managing director（取締役）、2006年にpartner（共同出資者）となるが、2007年に退社。同社での活動中、1999年に裏千家に入門。2006年には茶名「宗真」を拝受する。2009年、国宝・重要文化財の補修を手がける創立300年余りの小西美術工藝社に入社、取締役に就任。2010年に代表取締役会長、2011年に同会長兼社長に就任、伝統文化財をめぐる行政や業界の改革への提言を続けている。2015年から対外経済政策研究会委員、京都国際観光大使、2016年から明日の日本を支える観光ビジョン構想会議委員、行政改革推進会議歳出改革ワーキンググループ構成員、二条城特別顧問、日光市政策専門委員などを務める。著書に『新・観光立国論』（山本七平賞、不動産協会賞）『日本企業の勝算』（いずれも東洋経済新報社）、『イギリス人アナリスト　日本の国宝を守る』『国運の分岐点』（共に講談社＋α新書）などがある。

新・日本構造改革論　デービッド・アトキンソン自伝

2021年5月13日　第1刷発行

著者　デービッド・アトキンソン

発行者　大山邦興
発行所　株式会社　飛鳥新社
〒101-0003
東京都千代田区一ツ橋2-4-3　光文恒産ビル
電話　03-3263-7770(営業)
03-3263-7773(編集)
http://www.asukashinsha.co.jp

装幀　神長文夫＋松岡昌代
印刷・製本　中央精版印刷株式会社
撮影　佐藤英明

ISBN 978-4-86410-810-2

編集担当　工藤博海／佐藤佑樹